이공계 누적 합격생 **38,487명**이 증명하는
렛유인과 함께라면 다음 최종합격은 여러분입니다!

이공계 취업특화
1위

소비자가 뽑은
교육브랜드
1위

이공계 특화
전문 강사 수
1위

이공계 취업 분야
베스트셀러
1위

▌취업 준비를 **렛유인**과 함께 해야하는 이유!

포인트 1

Since 2013 국내 최초, **이공계 취업 아카데미 1위 '렛유인'**

2013년부터 각 분야의 전문가 그리고 현직자들과 함께 이공계 전문 교육과정 제공

포인트 2

이공계 누적 합격생 38,487명 합격자 수로
증명하는 **렛유인의 합격 노하우**

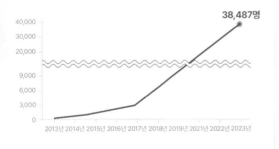

포인트 3

이공계 5대 산업(반·자·디·이·제)
전문 강의 제작 수 업계 최대!

[반도체 / 자동차 / 디스플레이 / 이차전지 / 제약바이오]

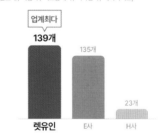

포인트 4

이공계 취업 분야 도서 베스트셀러 1위

대기업 전·현직자들의 노하우가 담긴 자소서 / 인적성 / 산업별 직무 / 이론서 / 면접까지
베스트셀러 도서 보유

도서 구매자들을 위한 **특별 무료 혜택** 🎁

나상무의 X-파일 취업타파

삼성/현대그룹 인사 30년차의 취업솔루션!

☑️ 요즘 기업들은 진짜 중고신입을 더 선호하는 추세이다?

☑️ 뽑힐 수 밖에 없는 자기소개서 쓰는 법!

☑️ 자소서 탈락자보다 이력서 탈락자가 더 많다?

☑️ 대기업 서류 커트라인 진짜 있을까?

☑️ 탈락률 높은 자충수펙이 있다?!

⋮

**이 모든 내용+α를 바로 확인할 수 있는
나상무의 자소서 무료 유튜브 특강
지금 바로 보러가기**

삼성/현대그룹 인사임원 30년 **나상무의**

인사담당자는
이런 자소서를 뽑는다!

나상무, 렛유인연구소 지음

2판 2쇄 발행

발행일 2024년 2월 1일 | **지은이** 나상무, 렛유인연구소

펴낸곳 렛유인북스 | **총괄** 송나령 | **편집** 권예린, 김근동 | **표지디자인** 정해림

대표전화 02-539-1779

홈페이지 https://www.letuin.com | **유튜브** 취업사이다

이메일 letuin@naver.com

ISBN 979-11-92388-25-0 (13320)

이 책은 저작권법에 따라 보호를 받는 저작물이므로 무단 전재와 복제를 금지하며, 이 책 내용의 전부 또는 일부를 사용하려면 반드시 저작권자와 렛유인북스의 서면 동의를 받아야 합니다.

이력서와 자소서는 곧 면접입니다!

자소서 Case에서 소개한 D지원자가 필자에게 전해준 면접복기 내용입니다. [▶ p.120 자소서로 연결]

• 인성면접에 들어가자마자 임원 한 분이 이런 말씀을 해주셨습니다. "저는 일관성이 가장 중요해요. 일관성이 떨어지면 탈락시킬 겁니다."라고 설명한 다음 면접을 시작하였습니다.

다행히 D지원자는 면접에서 최종 합격하여 삼성을 다니고 있습니다. 면접에서 일관성 있는 답변으로 면접위원들을 설득하는 데 성공한 덕분이죠. 임원이 요구한 일관성을 필자가 강조하는 '이자면 관통하기'와 같은 맥락에서 이해하면 됩니다. 지원자의 일관성은 이력서와 자소서부터 시작됩니다.

• 먼저, 치열하게 준비해 온 노력의 성과물(학습/경험)을 **'이력서'**를 통해 명확하게 전달해야 합니다.
• 다음, 이력서의 핵심 내용을 **'자소서'**의 스토리로 가져와서 입사하고 싶은 열정과 직무역량을 구체적으로 어필하구요.
• 그리고, **'면접'**에 가면 이력서/자소서 내용을 바탕으로 입사 후에 성장 가능성이 있는 인재임을 설득하는 것이 이자면 관통하기입니다.

다음은 F합격자가 합격후기에 올려준 글의 일부입니다. [▶ p.152 자소서로 연결]

• 서류전형은 나상무 선생님께서 자주 하시는 말씀이 있어요. "이력서/자소서는 곧 면접입니다."라는 조언입니다. 절대 자소서를 서류통과만을 위해서 쓰지 마세요. 면접을 준비한다는 생각으로 작성해야 해요.
• 삼성처럼 서류합격률이 비교적 높으면 더더욱 그래요. 면접에서의 개인 질문은 이력서/자소서에서 8~9할이 나온다고 해도 과언이 아닙니다. 저 같은 경우도 자소서에 썼던 한 단락의 내용에 대해 3~4개의 꼬리질문까지 들어오며 집요하게 물어보셨어요.

취업 현장에서 고민하는 여러분에게 진짜 도움이 되는 조언을 전하고자 이 책을 만들었습니다. 원고를 읽어보니 부족함이 있지만, 이 책이 취업을 준비하는 여러분에게 합격을 선물하면 좋겠습니다.

"드디어 합격했어요. 선생님 덕분입니다."

이 같은 문자나 카톡이 제가 받고 싶은 최고의 선물입니다. 이 책을 읽는 모든 분들로부터 합격 선물을 받고 싶습니다. 그런 문자가 넘쳐서 필자의 휴대폰이 먹통이 되면 좋겠습니다.

그리고 본 도서와 시리즈로 준비한 '인사담당자는 면접에서 이런 사람을 뽑는다!' 도서도 준비되어 있습니다. 본 도서와 연결시켜 합격자 면접복기와 탈락자 면접복기를 비교하여 도움을 드리겠습니다. 기대하시는 만큼 구체적인 Case를 통해 면접 합격을 선물하겠습니다.

출판 설계부터 모든 과정을 이끌어준 렛유인에게 감사를 드립니다. 그리고 원고와 디자인을 도와준 막내딸 김민선 프로에게도 고마움을 전합니다.

자소서는 작성 전에 너무 막막하고 스트레스만 받았는데 이제 좀 어떤걸 쓰고 쓰지 말아야할지 어떤 방향으로 작성을 해야할지 감이 잡힙니다. 감사합니다.

　　　　　- 렛유인 2018 하반기 삼성전자 DS 자소서 긴급점검 kane106

여러 자소서 강의를 들었지만 나상무 선생님께서 말씀해주신 내용은 제가 처음 접한 내용이었습니다.

(중략)

다른 부분이 부족한 만큼 자소서에서 점수를 따야겠다는 생각이 들었고, 자소서를 더 열심히 작성해야겠다는 생각이 들었습니다. 나상무 선생님의 강의 잘 들었고, 좋은 내용 알려주셔서 감사합니다.

　　　　　- steven0687

삼성/현대그룹 인사 30년 경력, 삼성 인사임원 및 인사부장 경력을 가진 저자가 쓴 책이라서 그런지 면접관 입장에서 지원자의 모습이 어떻게 보이는지 확인할 수 있었습니다.

책 안에는 이력서/자소서 작성법이 들어있고 주요 대기업 합격 자소서의 첨삭 과정이 담겨있어서 혼자서 자소서 작성 방향을 잡는데 도움이 많이 되었습니다.

　　　　　- YES24 미*

자소서 처음 쓰시는 분들은 꼭 보세요.

자소서만 중요하고 이력서는 별로 중요하다고 생각을 안했었는데 이력서의 중요성을 일깨워주는 강의인 것 같아요!

이력서와 자소서는 다른 것이 아니라 이력서 자소서 면접은 결국 이력서에서 출발한다는 사실을 깨달았습니다.

　　　　　- 렛유인 k***********

나의 관점이 아니라 회사의 관점에서 나를 채용할 나만의 차별화된 자소서는 무엇인지에 대해 고민하는 시간을 갖게 되었습니다.

- 렛유인 p*******

임원의 관점에서 쓰자!! 참 어려웠지만 매우 당연한부분이였네요. 꿀팁이였던 것 같습니다.
자소서 작성할 때 항상 임원의 관점을 생각하면서 쓰는게 포인트인거같아요.

- 렛유인 n*********

나상무 선생님의 다양한 컨텐츠들을 통해 제가 어떤 부분에 집중해야할 지 알게되어 어려움들을 해결해나갈 수 있었습니다.
모든 컨텐츠에서 취준생들이 궁금하거나 해결이 어려운 포인트들만 명확하게 말씀해주셨기 때문에, 이번 책에서도 취업 준비생들이 필요한 부분들이 있을 것이라 생각해 바로 구매를 결정하게 되었습니다.

- 예스24 s*****u

도서 저자가 렛유인의 '나상무' 선생님이라서 믿고 읽었습니다!
삼성과 현대 그룹 인사경력이 30년에, 삼성 인사임원 및 인사부장으로 채용실무 책임자까지 맡으셨던 나상무 선생님이라서 더욱 신뢰가 갔습니다.
이번 편은 이력서와 자소서편이었기 때문에 이 2개를 작성하는 방법에 대해 유명한 기업별로 나눠서 essay를 작성하는 방법에 대해 알 수 있었어요.
초안과 수정안을 동시에 보여주면서 어떻게 고치는 것이 읽기에도, 면접관들을 설득하기에도 좋은 방법인지 알 수 있었습니다.
취린이들이 몰랐던 꿀 TIP이 대방출되는 것 같았습니다 !

- 예스24 t********2

추상적인 원리 대신, 명확한 기준을 속 시원하게 언급해서 설명해주셔서 감사합니다.

— 렛유인 j*****

취준생이라면 올 상반기를 목표로 방학 때 서류 준비를 확실히 하기 위해 꼭 필요한 책인 것 같다.

(중략)

그리고 시간 투자해서 본 만큼 이력서나 자소서 부분에서 지원자의 어떤 부분을 어필해야하는지, 스펙의 활용은 어떻게 해야할지, 어떤 행동은 하지 말아야 할지 등 이력서와 자소서 작성의 팁이 많이 있어서 도움이 많이 되었다.

— 예스24 만**성

반도체 관련 기업 취업준비 하는 취린이입니다.
여러 카페나 유튜브를 검색 도중 나상무 선생님의 이자면에 대한 추천을 많이 보았고 나상무 선생님 강의를 듣고 굉장히 많은 도움을 얻어 취업에 성공했다는 글도 많이 보여서 이 선생님 강의라면 믿을 수 있을 것이라고 생각했습니다.

(중략)

서류 통과도 안 됬던 취업준비생이 강의를 통해서 부족한 부분들을 수정해 서류를 통과할 수 있었습니다.

— 예스24 익명

안녕하세요.
이제 막 취준을 시작한 취린이입니다!
도서에 대해서 선배들의 추천을 많이 들어왔었어요.
강의는 부담이 되서 아직 결제를 못했는데, 이렇게 저렴한 가격에 책으로 출시해주셔서 너무 감사해요!!

— 예스24 익명

반도체관련 업계로 취업준비하는 학생입니다.
저와 같은 이공계학생들이라면 한번쯤 접했을법한 렛유인!
렛유인 나상무 선생님 강의를 통해 나의 강점파악부터 핵심을 간결하게 작성하는 방법과 면접까지 큰 가이드라인을 그릴 수 있었습니다.

상반기 취뽀를 하고싶은 사람이라면 꼭 읽어봐야 할 책 같습니다!
종종 나상무 선생님의 라이브도 보고 하였는데 정말 도움이 많이 됐고 자소서에서 내가 어떤 포인트를 놓쳤는지, 면접에선 어떤 관점으로 대답을 하여야 하는지 큰 흐름을 잡는데 도움이 되었습니다!
강의를 보며 캡쳐하고 필기하고 했던 엑기스들이 정리되어 한 책에 모아져 있으니 정보 찾기도 훨씬 수월해지고 놓쳤던 꿀팁들도 얻을 수 있을 책 같아 기대가 많이 됩니다!

PART 01 취업설계

PART 02 이력서 작성법

PART 03 자소서 작성법

PART 04 기업별 자소서

이공계 취업은 렛유인
WWW.LETUIN.COM

PART

01

취업설계

필자는 대학생들에게 '관점을 바꿔야 합격한다'고 강조한다. 취업을 준비하는 대학생 자신의 입장에서 생각해서는 안 된다. 채용을 결정하는 회사의 관점에서 생각해야 합격할 수 있다는 의미이다. 이렇게 관점을 바꿔야 회사/직무도 제대로 선택할 수 있고, 자소서의 스토리가 달라질 수 있으며, 면접에 가서도 면접위원을 설득할 수 있다.

CHAPTER

01

취업 성공률 Up ↑ 가이드

대기업 취업시즌이 마무리되면 필자는 탈락자들을 위로하는 토크콘서트를 갖는다. 서류전형과 적성검사에서 탈락한 원인을 분석한 내용이 첫 번째 주제, 이를 바탕으로 다음 취업시즌을 어떻게 준비할 것인지가 두 번째 주제이다.

두 번째 주제와 관련하여 필자는 대학생들에게 '관점을 바꿔야 합격한다'고 강조한다. 취업을 준비하는 대학생 자신의 입장에서 생각해서는 안 된다. 채용을 결정하는 회사의 관점에서 생각해야 합격할 수 있다는 의미이다. 이렇게 관점을 바꿔야 회사/직무도 제대로 선택할 수 있고, 자소서의 스토리가 달라질 수 있으며, 면접에 가서도 면접위원을 설득할 수 있다.

그렇다면 어떤 방식으로 관점을 바꿔야 할까? 취업에 대한 관점을 바꾸는 과정을 단계적으로 살펴보도록 하자. 회사의 채용 관점에서 '취업 설계 가이드'를 소개한다. 필자의 채용제도 설계 경험과 취업 컨설팅 사례를 바탕으로 만든 가이드이다.

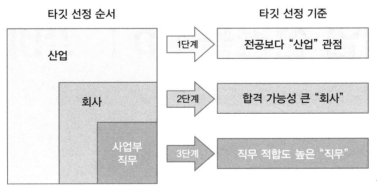

[취업 설계 가이드]

3단계로 타깃을 선정하자

취업 설계 가이드에서 특히 눈여겨 살펴봐야 할 것은 3단계로 타깃을 선정하는 것이다. ① 산업 → ② 회사 → ③ 사업부/직무 순으로 타깃을 정하면 된다.

○ 1단계: 전공보다 산업 중심의 관점

  - 전공 관점보다 산업 중심의 관점이 필요하다. 전공 관점에 매몰되면 자신의 전공과 직결된 특정 산업에만 올인하게 된다.
  - 그러나 관점을 산업 중심으로 바꾸면 더 큰 가능성을 발견할 수 있다. 자신의 전공을 1순위로 뽑는 산업보다 2순위로 뽑는 산업이 채용규모는 훨씬 큰 경우가 많다. 따라서 제일 먼저 산업별 대졸신입 채용규모를 분석해보도록 하자.

○ 2단계: 합격 가능성이 큰 회사

  - 연봉이 높은 회사보다 중요한 것은 자신과 같은 전공자를 많이 채용하는 회사이다.
  - 자신과 동일한 전공자를 많이 채용하는 회사일수록 단기적으로는 합격 가능성이 크다는 것이고, 장기적으로는 성장 가능성도 크다는 의미이다. 합격 가능성이 크면서도 성장 가능성을 엿볼 수 있는 회사를 찾아보도록 하자.

○ 3단계: 직무 적합도가 높은 직무

  - 지원자로서 사업부/직무를 선택하는 기준을 가져야 한다. 이 기준을 명확히 확립하기 위해서 회사가 제공하는 직무소개(Job Description; JD로 약칭) 자료를 살펴보는 것이 가장 중요하다.
  - 자신의 직무역량이 JD에 설명되어 있는 역할에 어느 정도 적합한지를 판단해야 한다. 자신이 수강한 전공수업과 직무경험을 냉철하게 평가한 다음, 가장 적합도가 높은 사업부/직무를 선택해야 합격 가능성을 높일 수 있다.

큰 이야기 중심으로 설명하다보니 궁금한 내용이 많을 것이다. 이제부터 보다 자세한 내용을 알기 쉽게 설명해보자.

취업 타깃을 정하는 1단계에서는 전공 관점에 매몰되지 말고 산업 중심의 관점으로 판단하는 것이 중요하다. 대졸 신입사원을 산업별로 얼마나 채용했는지를 알아보면 답이 보인다. 문제는 이런 자료를 찾는 것이 어렵다는 점이다. 필자가 어렵게 구한 두 가지 자료를 소개한다.

산업별 대졸신입 채용비율

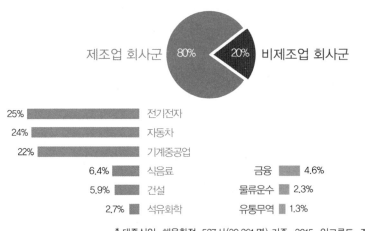

제조업 회사군 80% 20% 비제조업 회사군

25%	전기전자		
24%	자동차		
22%	기계중공업		
6.4%	식음료	금융	4.6%
5.9%	건설	물류운수	2.3%
2.7%	석유화학	유통무역	1.3%

* 대졸신입 채용확정 527사(39,261명) 기준. 2015. 인크루트 조사

[산업별 대졸신입 채용확정 비율]

취업시장에는 여러 가지 '8대2 법칙'이 있다. 산업별 대졸신입 채용비율에도 8대2 법칙이 적용된다. 먼저 제조업이 80%를, 비제조업이 20%를 채용한다.

제조업만 보면 3대 산업군(전기전자, 자동차, 기계중공업)이 80%를, 기타 산업군이 20%를 채용한다. 이런 현실을 알게 되면, 왜 산업 중심의 관점이 전공 관점보다 더 중요한지 이해하게 된다. 다소 시일이 지난 자료지만 이후에 같은 자료가 발표되지 않았다. 지금도 참고할 가치가 충분한 자료라서 소개한다.

여러분이 취업계획을 짜고 있는 화학/화공 전공자라고 가정해보자. 전공 관점으로 취업 타깃을 정하면 석유화학산업을 지원하는 것이 상식이다. 그러나 문제는 석유화학산업의 채용비율이 2.7%에 불과하다는 현실이다. 매출이 큰 석유화학 회사라도 연간 채용규모가 수십명에 불과하다. 현실적으로 취업에 성공하는 확률은 바늘구멍이다.

관점을 전기전자산업으로 바꾸면 더 큰 가능성이 보인다. 채용비율이 25%나 되고 그 안에 반도체, 휴대폰, 가전, 이차전지, 소재부품 등 다양한 관련업계가 있다. 이들 관련업계 모두가 화학/화공 전공자를 다수 채용한다. 필자가 가진 자료를 보면 반도체업계에서 채용하는 화학/화공 전공자의 규모는 석유화학업계의 수십 배에 달한다.

산업별 대졸신입 채용비율

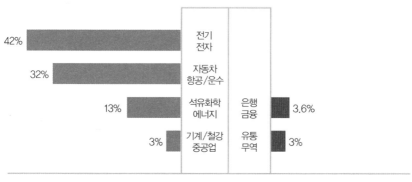

[산업별 대졸신입 채용계획 비율]

이번에는 대졸 신입사원 체용계획을 그래프로 표시한 최근 자료를 살펴보자. 석유화학/에너지산업이 13%인 반면 전기전자산업은 42%를 차지한다.

결론적으로 대졸신입 채용규모에서 전자업체 의존도가 커지고 있고, 더 깊이 분석해보면 반도체업체로의 쏠림 현상이 심해지고 있다. 삼성의 경우 전체 대졸신입 가운데 80%가 삼성전자 채용이고, 삼성전자 채용의 80%는 반도체부문 채용이란 이야기가 있다. 취준생 입장에서 가볍게 넘길 수 없는 현실이다.

그러면 화학/화공 전공자는 어떻게 취업설계를 해야 할까? 1순위에 반도체, 2순위에 이차전지를 중심으로 한 전자산업을 놓고, 3순위로 석유화학산업을 목표로 하는 것이 현명한 선택이다. 일차적으로 채용규모가 일정 수준 이상이 되어야 합격 가능성을 높이기 위한 노력도 빛을 발할 수 있기 때문이다.

2단계: 합격 가능성이 큰 회사를 선정하자

2단계는 타깃 회사를 선정하는 것이다. 자신만의 특별한 기준이 있는 것이 아니라면 처음 취업을 준비하는 여러분들에게는 합격 가능성이 제일 큰 회사를 선택하는 것이 정답이다. 연봉이 높은 회사에 흔들리지 말고, 자신과 같은 전공자를 가장 많이 채용하는 회사를 선택하는 것이 중요하다. 필자는 이를 '1순위 전공'이라고 부른다.

1순위 전공의 중요성

다음은 반도체 회사에서 어떤 전공의 지원자를 가장 많이 채용하는지를 순위를 매겨 나타낸 자료이다. 1순위 전공과 2순위 전공이 뚜렷하게 구분되어 있는 양상을 볼 수 있다.

- ○ 1순위 전공: 전기전자(반도체 전공 포함)
- ○ 2순위 전공: 재료/금속, 화학/화공. 기계, 물리, 산공
- ○ 3순위 전공: 그 외 이공계, 인문계

하지만 자신의 전공이 전기전자가 아니라고 해서 낙담할 필요는 없다. 최근 반도체 회사의 전공별 채용규모에서 많은 변화가 일어나고 있기 때문이다. 예전에는 전기전자 채용규모가 압도적으로 많았지만, 최근 채용 순위에서는 다른 양상을 보이고 있다. 전기전자의 채용비율이 축소되는 반면에 재료/금속, 화학/화공, 기계 채용비율은 상대적으로 확대되고 있는 것이다.

그 이유는 기술개발 로드맵의 변화에 있다.

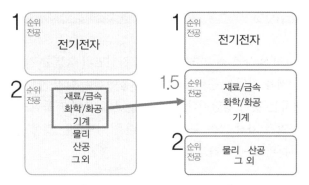

[반도체 회사 전공별 채용 순위]

- 신소재를 통한 반도체의 고성능화로 재료/금속 전공자가 더 많이 필요하다.
- 신약품을 통한 공정의 고효율화 영향으로 화학/화공 전공자가 보다 중요하다.
- 첨단 생산설비의 라인업이 확대되면서 기계 전공자의 역할이 늘어난다.

그래서 최근 채용규모를 보면 세 가지-재료/금속, 화학/화공, 기계-전공은 1.5순위 전공으로 불러도 손색이 없다. 전기전자에 버금가는 1순위 전공에 근접하고 있다는 의미이다. 따라서 자신이 이 세 가지 전공에 속한다면 반도체 회사에 지원하는 것이 전략적으로 좋은 선택이다.

1순위 전공은 왜 중요한가? 대학생 관점에서 단기적인 측면과 장기적인 측면으로 설명할 수 있다.

- 단기적: 합격 가능성이 가장 크다.
- 장기적: 성장 가능성도 그만큼 제일 높다.

우선, 단기적으로 합격 가능성이 가장 중요하다. 전공별 채용규모를 보면, 어느 회사든 1순위 전공을 최대로 뽑는다. 무엇보다도 채용규모가 커야 취업을 위한 노력도 결실을 맺을 수 있다. 취업 준비는 자신이 컨트롤할 수 있지만 회사의 채용규모는 불가능한 부분이기 때문이다.

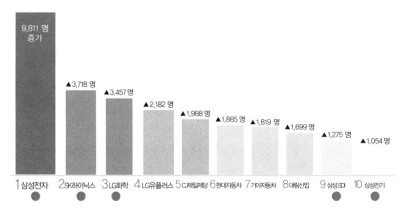

그 다음, 입사 이후의 성장 가능성까지 생각해보자. 직장인의 꿈인 임원을 전공별로 파악하면 답이 보인다. 역시 1순위 전공으로 입사해 임원 자리까지 올라간 경우가 가장 많다. 요즘 이직이 빈번해졌다고 하지만 아직도 첫 회사에서 10년 이상, 20년 이상 근무하는 직장인이 많다. 합격 가능성과 함께 성장 가능성도 크다면, 그 회사를 지원하는 것이 최선의 선택이다.

화학/화공 전공자를 많이 뽑는 회사는?

지원자 자신이 화학/화공 전공자라고 가정해보자. 여러분에게 합격 가능성이 큰 회사는 어디인가? 채용규모가 큰 산업군이면서 화학/화공을 1순위 전공으로 둔 회사일 것이다.

여러분이 좀 더 현명한 선택을 할 수 있도록 도움이 되는 자료를 소개한다. 최근 3년 동안 직원 수가 대규모로 증가한 기업을 조사한 자료이다.

* 100대 기업 사업보고서 분석. 최근 3년간 직원 수 증가 기업. 2019. 4. 9. 사람인 발표

[최근 3년간 직원 수 증가 기업 순위]

1~10위 기업을 보면 전자업체가 5개를 차지하고, 이 중 1~2위는 반도체 회사이다. 삼성전자는 반도체 부문을 중심으로 1만 명 가까이 증가했고, SK하이닉스는 4천 명 가까이 늘었다.

10대 기업 가운데 화학/화공 전공자를 대규모(1순위 또는 1.5순위)로 채용하는 곳은 삼성전자, SK하이닉스, LG화학, 삼성SDI, 삼성전기 등 5개 기업이다. 이를 참고하여 산업 중심의 관점으로 판단한 다음, 합격 가능성이 큰 회사를 선정하자. 실제로 대학교에서 화학공학을 전공하고 반도체 회사와 이차전지 회사에 합격한 두 친구의 사례를 참고하자.

- ● SK하이닉스에 지원한 G합격자 사례 [▶ p.182 자소서로 연결]
- ● LG화학 전지사업본부에 지원한 J합격자 사례 [▶ p.197 자소서로 연결]

3단계: 직무 적합도가 높은 직무를 선택하자

자신이 지원할 산업과 회사를 선택한 후에도 고민이 필요하다. 사업부/직무를 확정하는 단계가 남아 있다. 회사를 선택하는 것보다 더 중요하기 때문에 그만큼 신중해야 한다. 입사 후 개인적인 사정으로 회사를 옮길 수는 있지만, 직무를 바꾸는 것은 훨씬 어렵다. 보통 첫 회사에서 첫 직무를 4년 이상 수행하게 되면, 대부분 그 직무가 평생직업이 되기 때문이다.

사업부/직무 선택이 중요한 만큼 명확한 선택 기준을 가져야 한다. 회사가 제공하는 직무소개(Job Description) 자료가 정답이다. JD를 기준으로 자신에게 가장 적합한 사업부/직무를 선택하는 방법을 'JD 적합도 분석'이라 한다. 먼저 JD 적합도 분석에 필요한 JD에 대해 알아보도록 하자.

다른 회사들이 본받아야 할 JD의 베스트 사례

삼성전자 반도체부문의 JD 사례를 보자. 지원자들에게 도움이 되는 정보를 아주 구체적으로 제시하고 있다. 다른 회사들도 이처럼 구체적인 정보를 제공해주면 좋겠다. 때문에 삼성전자를 지원하지 않는 학생들도 JD만큼은 살펴보기를 권하고 싶다.

M사업부 공정기술직무

Role
- **8대 공정기술 개발**
  - 반도체 8대 공정기술 개발 및 고도화 (Photo, Etch, Clean, CMP, Diffusion, IMP, Metal, CVD)
  - 신제품 양산을 위한 공정 최적화 및 단순화
  - 수율/품질 개선을 위한 공정 조건 표준화
  - 공정별 측정된 Data의 정기 모니터링을 통한 불량 해결 및 품질 관리

- **공정 기반기술 연구**
  - 계측 공정 개선을 통한 측정 결과 신뢰성 향상
  - 소자 구조 및 계면반응 분석으로 제품 개발 및 품질 향상
  - 공정에서 발생하는 물리적/화학적 특성 분석 및 개선
  - 소재 연구를 통한 생산성 향상 및 효율 극대화
  - 차세대 제조기술 확보 (신규 분석법, Simulation 기법 등)

- **공정/설비 문제 분석 및 자동화 System 구현**
  - 분석 Tool을 활용한 공정/설비 문제 원인 분석 및 해결
  - 빅데이터 분석을 활용한 공정/설비 자동화 시스템 구축 및 최적화

Recommended Subject
- **전기전자** : 반도체소자, 전자기학, 반도체집적공정, 기초전자회로 등
- **재료/금속** : 반도체집적공정, 재료공학개론, 재료물리화학, 재료물성 등
- **화학/화공** : 반도체집적공정, 유기/무기화학, 물리화학 등
- **기계** : 반도체집적공정, 고체역학, 메카트로닉스, 열역학, 동역학, 정역학, 유체역학 등
- **물리** : 반도체물리, 고체물리, 양자역학, 전자기학, 플라즈마 기초 등

Requirements
- 반도체 기본 동작원리, 공정개발 등 반도체 개발의 공정기술 개선에 필요한 역량 보유자
- 반도체 소자의 물리적/재료화학적 분석에 필요한 역량 보유자
- Big Data Analytics 역량 보유자

Pluses
- 직무와 연관된 경험 보유자 (프로젝트, 논문, 특허, 경진대회)
- 반도체 개발 관련 Tool (DC Analyzer, LCR Meter 등) 역량 보유자

삼성전자 JD에는 직무별로 Role, Recommended Subject, Requirements, Pluses 등 4개 항목이 설명되어 있다.

- ○ Role(역할)은 직무의 주요 업무를 알기 쉽게 설명한 것이다.
- ○ Recommended Subject(추천과목)은 '전공수업' 개념이다. 전공별로 수강해야 하는 과목이 3~7개 제시되어 있다.
- ○ Requirements(요구역량)은 회사가 요구하는 '필요역량'이다.
- ○ Pluses(기타)는 '직무경험' 개념이다. 관련 경험이 있으면 가점을 주겠다는 것이다.

4개 항목 가운데 대학생 입장에서 쌓아야 하는 스펙은 추천과목, 요구역량, 직무경험(기타) 등이다. 필자는 이를 '3가지 적정스펙'이라고 부른다. 이를 근거로 자신이 직무역량을 갖춘 지원자라는 사실을 어필해야 하기 때문이다.

① Recommended Subject

추천과목 관점에서는 전공수업과 학점이 중요하다. 먼저, 추천과목에 제시되어 있는 과목 가운데 어떤 과목을 수강했는지, 이를 통해 직무와 관련된 내용을 제대로 배웠는지를 입증해야 한다. 결론적으로, 가장 확실한 근거는 학점이다. 학점이 높으면 그만큼 열심히 공부했다는 객관적인 증거가 되기 때문이다. 대부분의 회사가 학점을 교양학점과 전공학점으로 구분한 뒤, 전공학점이 높으면 가점을 주고 있다.

② Requirements

요구역량은 지원 직무를 수행하기 위해 기본적으로 필요한 역량이다. 추천과목을 공부하는 과정이나 직무경험을 수행하는 과정에서 습득했다는 사실을 어필하면 된다. 특히 최근에는 외부 전문기관에서 수강한 연수사항도 인정해준다. NCS 반도체 직무과정, 반도체 공정실습 등이 대표적이다.

③ Pluses

　직무경험 관점으로는 관련 프로젝트와 관련 Tool이 중요하다. 우선, 추천과목을 수강하면서 진행한 프로젝트를 잘 활용해야 한다. 직무와 연관성이 높은 프로젝트일수록 직무역량을 어필할 수 있다. 많은 대학생들의 고민거리인 인턴이나 관련 경력이 없다는 약점을 충분히 극복할 수 있다. 추가적으로, 직무와 관련된 Tool을 사용할 수 있다면 자신을 차별화시킬 수 있는 어필거리가 된다.

3단계로 JD 적합도를 분석하자

　JD 적합도는 서류전형 단계와 면접전형 단계에서 강력한 파워를 발휘한다.

- 서류전형: 회사/직무가 요구하는 역량(적정스펙)을 치열하게 쌓아왔다는 것을 증명한다.
- 면접전형: 직무면접에서는 직무역량(지식과 기술)을 어필할 수 있고, 인성면접에서는 직무동기(열정과 적성)을 전달함으로써 엔지니어로서의 성장 가능성을 설득할 수 있다.

[JD 적합도 분석 = 1st 설득무기]

　그러면 3단계로 JD 적합도를 분석하는 방법을 구체적으로 살펴보자. 자신의 노력/성과가 JD의 'Role'에 얼마나 적합한지를 판단하면 된다.

여러분이 직접 표를 그려 분석하는 방법을 권하고 싶다. 가로축에는 JD에서 나온 4가지 항목(Recommended Subject, Requirements, Pluses, Role)을 차례대로 기입하고, 세로축에는 자신이 지원하고자 하는 사업부와 직무를 순서대로 기입하면 된다. 실제로 전자공학을 전공한 A학생의 경우 어떻게 JD 적합도를 분석하는지 살펴보도록 하자.

| JD 적합도 분석방법(A학생 사례) |

※ 전자공학 전공, 학사 기준
※ Rs: ●(이수), ○(미이수)
※ Rq, Pl, Ro: ●(High), ○(Middle), △(Low)

사업부	직무	Recommended Subject (Rs)					Requirements (Rq)			Pluses (Pl)				Role (Ro)	
		기초전자회로	전자기학	반도체소자	: :	My Score	반도체동작원리	소자분석	: :	직무경험	관련Tool	프로그래밍언어	: :	Role	My 선택
메모리	회로설계	●	●			2/3									
	평가분석	●		○		3/5									
	공정설계	●	●	●		4/4	●	○		○	△	△			
	공정기술	●	●	●		4/4	●	○		●				●	1타깃
	설비기술	●	○			3/5									
	생산관리					0/4									
S,LSI	:														
	:														
파운드리	공정설계	●	●	●		4/4	●	○		○	△				
	공정기술	●	●	●		7/8	●	○		●	○	△		○	2타깃
	:														
:	:														

① 1단계: Recommended Subject를 분석하여 My Score를 산출한다

| 1단계 분석 |

※ Rs: ●(이수), ○(미이수)

사업부	직무	Recommended Subject (Rs)				
		기초전자회로	전자기학	반도체소자	: :	My Score
메모리	회로설계	●	●			2/3
	평가분석	●		○		3/5
	공정설계	●	●	●		4/4
	공정기술	●	●	●		4/4
	설비기술	●	○			3/5
	생산관리					0/4
S,LSI	:					
	:					
파운드리	공정설계	●	●	●		4/4
	공정기술	●	●	●		7/8
	:					
:	:					

○ Recommended Subject에 제시된 전공과목의 이수 여부를 표시하면 된다.

– 이수한 과목은 ●표시, 이수하지 않은 과목은 ○표시를 한다.

○ 직무별로 ●(이수), ○(미이수)를 표시한 다음, My Score를 산출한다.

– 4/4(4과목 모두 이수) 혹은 7/8(8과목 중 7과목 이수) 식으로 표시한다.

○ My Score가 높은 직무를 3~4개 선정한다.

– A학생 사례: 메모리 공정설계, 메모리 공정기술, 파운드리 공정설계, 파운드리 공정기술 → 4개 직무 선정

② 2단계: Requirements, Pluses를 분석하여 적합도를 표시한다

| 2단계 분석 |

※ Rq, Pl: ●(High), ○(Middle), △(Low)

사업부	직무	Requirements (Rq)			Pluses (Pl)			
		반도체 동작원리	소자분석	: :	직무경험	관련 Tool	프로그래밍언어	: :
메모리	회로설계							
	평가분석							
	공정설계	●	○		○	△	△	
	공정기술	●	○		●	○		
	설비기술							
	생산관리							
S.LSI	:							
파운드리	:							
	공정설계	●	○		○	△		
	공정기술	●	○		●	○	△	
	:							
:	:							

○ 1단계에서 선정한 3~4개 직무를 대상으로 자신이 쌓은 학습/경험의 적합도가 어느 수준인지 판단하면 된다.

– 적합도가 높으면 ●(High), 중간이면 ○(Middle), 낮으면 △(Low) 등으로 표시한다.

○ 3~4개 직무의 적합도(●, ○, △)를 살펴본 다음, 적합도가 높은 2~3개 직무를 선정한다.

– A학생 사례: 메모리 공정기술, 파운드리 공정기술 → 2개 직무 선정

③ 3단계: Role 적합도를 판단하여 1타깃 직무를 확정한다

| 3단계 분석 |

※ Ro: ●(High), ○(Middle), △(Low)

사업부	직무	Role (Ro)	
		Role	My 선택
메모리	회로설계		
	평가분석		
	공정설계		
	공정기술	●	1타깃
	설비기술		
	생산관리		
S.LSI	:		
	:		
파운드리	공정설계		
	공정기술	○	2타깃
	:		
:	:		

◉ 1~2단계의 결과를 바탕으로 2~3개 직무의 Role 적합도를 비교한다.

  – 그 결과를 ●, ○, △ 등으로 표시한다.

◉ 적합도 기준으로 우선순위를 정하고 1타깃 직무를 확정한다.

  – A학생 사례: 1타깃 직무는 메모리 공정기술, 2타깃 직무는 파운드리 공정기술

이 과정에서는 냉철한 시각으로 판단하는 자세가 필요하다. 자신이 하고 싶은 직무, 혹은 채용규모가 큰 직무를 선택해서는 안 된다. 객관적인 시각으로 자신이 잘 할 수 있는 직무, 가장 적합도가 높은 직무를 선택해야 한다. 그래야 합격 가능성을 높일 수 있다.

JD 적합도를 바탕으로 직무를 선정한 지원자라도 채용공고가 나오면, 지원할 사업부/직무에 대해 한 번 더 고민하게 된다. 그만큼 중요한 과정이고 여러 변수를 고려해야 하기 때문이다.

여러분이 사업부/직무를 선택할 때, 가장 크게 고민하는 것은 무엇인가? 바로 합격 가능성이다. 합격 가능성을 높이기 위한 고민은 소신 지원과 전략 지원으로 구분된다.

- ○ 내가 쌓아온 직무역량을 기준으로 '소신 지원'을 하는 것이 좋을까?
- ○ 상대적으로 커트라인이 낮은 곳을 '전략 지원'하는 것이 좋을까?

이러한 두 가지 고민을 모두 충족시키기는 선택을 하기는 거의 불가능하다. 따라서 어떤 부분에 더 중점을 두고 선택할 것인지 알아보도록 하자.

JD 적합도 분석이냐? 커트라인 정보냐?

JD 적합도 분석	OR	커트라인 정보

- 직무역량 설득무기
  (전공공부 + 직무경험)
- Main 선택 기준 → 필수 자격

- 2가지 변수에 좌우
  (채용규모 × 지원자수)
- Sub 선택기준 → 참고 자료

[사업부/직무 선택 기준]

① Main: JD 적합도 분석 ▶ 소신 지원

회사가 제공하는 JD 자료를 참고하여 분석한 JD 적합도를 가장 중요한 (Main) 기준으로 활용하는 것이 좋겠다.

- 서류전형, 면접 과정에서 최고의 설득무기이다.
- 모든 회사가 필수자격으로 요구하는 평가요소이다.

② Sub: 커트라인 정보 ▶ 전략 지원

커트라인은 채용 상황에 대한 정보를 참고하여 자신의 합격 가능성을 분석하는 방법이다. 여러분들이 정보 부족으로 혼란스러워 하는 부분이므로 보조적인(Sub) 참고자료로 활용하면 좋겠다.

- 많은 취준생들이 커트라인 점수의 높고 낮음을 합격여부와 관련지어 판단하려 한다. 하지만 커트라인은 2가지 변수, 즉 채용규모와 지원자 수에 의해 매번 달라진다. 따라서 커트라인 정보가 여러분의 선택에 절대적인 기준이 되어서는 안 된다.
- 채용시즌마다 나오는 채용 관련 뉴스, 잡지, 특강 등을 통해 자신에게 유용한 정보를 뽑아 참고하는 수준으로 활용하자.

특정 연도의 합격자 Case 분석

그렇다면 왜 커트라인 정보보다 JD 적합도 분석이 직무 선택에서 중요할까? 이에 대한 답을 찾기 위해 실제로 지원자들이 JD 적합도 분석보다 커트라인 정보에 의존하여 선택했다가 실패한 경우를 소개하겠다.

그 해 채용과정에서 JD 적합도와 커트라인, 2가지 기준 중 어디에 더 비중을 두었는지에 따라 합격 여부가 달라진 경우를 보게 되었다. 필자와 인연이 있었던 400여 명의 학생들을 대상으로 분석한 결과이다. 학생들이 지원한 곳은 반도체 회사(S사)이며, 이곳에는 채용규모가 큰 두 개의 사업부가 있다. A사업부는 매출과 수익성이 최고 수준으로 안정된 곳이다. B사업부는 상대적으로 매출과 수익성이 적지만, 최근에 공격적으로 투자를 확대하는 곳이다.

① 1단계: 서류전형 통과자 분석 ▶ 서류통과비율

먼저, 지원자 가운데 서류전형을 통과한 비율을 분석했다. A사업부는 상반기 80% 이상이었고, 하반기에도 80% 이상을 유지했다. 반면에 B사업부는 상반기 80% 이상에서 하반기에는 50% 수준으로 크게 낮아졌다.

B사업부의 경우 왜 그런 결과가 나왔을까? 바로 지원자수 때문이다. 회사는 물론 국가적 차원에서 B사업을 미래 사업으로 육성한다는 이슈로 인해 지원자들이 대거 몰렸다. 커트라인이 상대적으로 낮을 것이라고 예상해 B사업부를 지원한 많은 대학생들이 서류전형에서 대거 탈락하는 결과를 초래했다.

② 2단계: 적성검사 통과자 분석 ▶ 풀지 못한 문제 수

다음, 적성검사를 통과한 지원자들의 결과를 분석했다. 실제 적성검사의 커트라인 점수는 정확히 알 수가 없다. 어느 회사도 공개하지 않는다. 대신 적성검사 통과자들이 풀지 못한 문제 수를 비교하여 평균치를 계산했다. A사업부 통과자는 11~12개를 못 풀었고, B사업부 통과자는 12~13개를 풀지 못했다.

두 사업부의 지원자 사이에 풀지 못한 문제 수가 1~2개 차이는 있지만, 그다지 큰 의미는 없다. 적성검사의 커트라인 점수는 채용규모, 지원자수라는 2가지 변수에 의해 매번 달라지기 때문이다.

③ 3단계: 면접 합격자 분석 ▶ JD 적합도 검증

이제, 채용의 최종 단계인 면접까지 연결해보자. 최종면접을 본 지원자들의 면접내용을 복기하고 최종적으로 그들의 합격여부를 확인해 어떤 질문이 합격과 탈락을 좌우했는지 분석했다. 두 사업부 모두 JD 적합도를 검증하는 질문이 면접의 핵심이었다.

- 직무면접: 전공 공부 + 직무 경험 ▶ 전공/직무 이해도 검증
- 임원면접: 인성 + 직무동기 ▶ 직무에 대한 열정과 적성 검증

특히 면접에서는 사업부에 상관없이 지원자의 JD 적합도를 잘 풀어내면 합격 가능성이 높아진다. 직무면접에서는 지원자의 전공/직무 이해도를 기술적인 관점에서 검증한다. 그리고 임원면접에서도 지원자의 인성과 함께 직무동기를 경험적인 관점에서 검증한다.

따라서 지나치게 커트라인 정보에 의존하여 사업부/직무를 선택하면, 서류전형과 직무적성을 통과하더라도 면접에서 힘을 발휘하기 어렵다. 지금, 여러분에게 중요한 것은 JD 적합도 분석을 기준으로 '냉철하게' 사업부/직무를 선택하는 일이다. 그래야 서류전형·적성검사·면접 과정에서 JD 적합도를 무기로 회사와 면접위원을 설득할 수 있다.

JD 적합도를 바탕으로 사업부/직무를 선택했다면 이제는 자신만의 취업 준비 로드맵을 짜야한다. 앞서 살펴본 과정들을 어떤 시점에서 어떻게 활용해야 할지 구체적으로 살펴보자. 어떻게 준비해야 취업 성공 스토리를 써내려갈 수 있을까?

세 명의 학생들의 사례를 비교해보자. 이들은 각각 취업준비를 시작한 학년이 다르다.

Best Case, Good Case, Worst Case를 통해 구체적인 방법을 제시한다.

Best Case: 2학년 때부터 취업준비를 시작한다

- 1학년: 높은 학점 유지 + 동아리/스포츠 활동
- 2학년: 산업/회사/직무 타깃 선정 + 추천과목 집중
- 3학년: 직무 프로젝트 몰입 + 직무 Tool 및 어학 쌓기
- 4학년: 이자면 관통하기 + 직무적성검사 대비

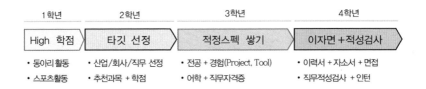

1학년	2학년	3학년	4학년
High 학점	타깃 선정	적정스펙 쌓기	이자면 +적성검사
• 동아리 활동 • 스포츠활동	• 산업/회사/직무 선정 • 추천과목 + 학점	• 전공 + 경험(Project, Tool) • 어학 + 직무자격증	• 이력서 + 자소서 + 면접 • 직무적성검사 + 인턴

[Best Case: 취업 준비 로드맵]

① 1학년: 높은 학점 유지 + 동아리/스포츠 활동

  ◎ 1학년 때는 대부분 교양과목이지만 3.8 이상의 높은(High) 학점이 기준이다. 4학년이 되어 이력서에 학점을 입력할 때, 평균학점을 끌어내리지 않도록 하기 위함이다.

  ◎ 동아리 활동이나 스포츠 활동에 시간을 투입하는 것도 실행해보자. 나중에 이력서와 자소서를 작성할 때, 그리고 면접에서 답변할 때도 효과적인 소재거리가 된다. 학년이 올라갈수록 학업 외 다양한 활동에 시간 투입이 어렵다는 사실을 기억하자.

② 2학년: 산업/회사/직무 타깃 선정 + 추천과목 집중

  ◎ 2학년이 되면서 가장 큰 변화는 전공수업의 시작이다. 이는 곧 산업/회사/직무 타깃을 확정하는 것이 필요하다는 의미이다. 주요 회사의 JD를 활용하여 타깃 회사와 직무를 선택하자.

  ◎ 특히 JD의 Recommended Subject을 참고하여 추천과목을 중심으로 전공수업을 들어야 한다. 추천과목에 대해서는 보다 흥미를 가지고 공부해 3.5 이상의 높은 학점을 받는 것이 중요하다. 3.8 이상을 목표로 하면 더욱 좋다.

③ 3학년: 직무 프로젝트 몰입 + 직무 Tool 및 어학 쌓기

  ◎ 3학년에 올라가면 3가지 적정스펙을 쌓아야 한다. 추천과목을 중심으로 공부하면서 직무 관련 프로젝트를 의미 있게 수행해야 한다. 일반적으로 가장 쉽게 어필할 수 있는 직무경험이 관련 프로젝트이기 때문이다. 프로젝트 수행에 몰입하면서 그 과정을 STAR 기법으로 메모하는 것이 좋다. 이를 자소서의 핵심 스토리로 활용하자.

  ◎ 1학기에는 JD의 Pluses를 참고하여 직무 관련 Tool을 공부하는 것도 필요하다. 특히 낮은 스펙 때문에 고민하는 대학생들에게 적극 추천하고 싶다. 직무 관련 Tool이 있으면 그 고민을 상당부분 극복할 수 있다.

  ◎ 2학기에는 영어회화 자격을 취득하는 것이 필요하다. Pluses에 '외국어 회화 역량 보유자'란 코멘트가 있는 직무는 지원기준보다 높은 등급을 취득하면 도움이 된다. 영어회화 자격은 유효기간이 2년이기 때문에 미리 준비하자.

④ 4학년: 이자면 관통하기 + 직무적성검사 대비

　　○ 4학년이 되면 본격적으로 취업을 준비해야 한다. 가장 강력한 무기는 3학년 때까지 쌓아온 3가지 적정스펙이다.

　　○ 취업의 첫 번째 관문이 서류전형이다. 타깃 회사의 이력서를 작성한 다음, 적정스펙을 자소서의 스토리로 완성하면 된다. 이력서와 자소서는 서류전형의 필수자료이면서 면접 준비의 기본이다. '이자면 관통하기'(이력서-자소서-면접의 일관성) 관점에서 작성하는 것이 중요하다.

　　○ 두 번째 관문이 직무적성검사이다. 이에 대한 대비는 미리 해야 한다. 최소 3개월 이상의 시간을 투입하여 체계적으로 대비하는 것이 필요하다. 취업에 실패하는 대학생들이 제일 많이 저지르는 실수가 바로 이 부분이다. 직무적성검사에 대한 안일한 생각이 한 번의 소중한 기회를 날릴 수 있다.

　　○ 세 번째 관문인 면접전형은 직무적성검사 준비를 한 이후에 시작해도 충분하다. 면접에서 가장 중요한 자료는 이력서와 자소서이다. 때문에 이력서와 자소서를 제대로 작성하는 것이 면접 준비를 하는 거라고 생각하면 된다.

　　○ 4학년 때는 인턴 지원도 가능하다. 타깃 회사를 중심으로 채용정보를 탐색하면서 인턴 기회가 있으면 적극 도전하자. 인턴에 합격하고 경험한 다음, 그 회사를 지원하면 최종 합격의 7부 능선을 넘어서는 효과가 있다.

Good Case: 3학년이 되면서 취업을 생각한다

[Good Case: 취업 준비 로드맵]

　　○ 3학년이 되면서 취업준비를 시작하는 학생들은 지난 1~2학년을 어떻게 보냈느냐가 중요하다. 그래도 중간 수준(3.5 기준)의 학점을 따놓고 동아리/스포츠 활동을 경험했다면, Worst Case보다 훨씬 유리하다.

　　○ 3학년을 앞두고 타깃을 확정하면 3가지 적정스펙을 쌓을 수 있는 시간과 기회가 있다. 하지만 1학기에 시작하느냐, 2학기에 시작하느냐에 따라서도 큰 차이가 있

다. 2학기가 되면 다급해진다. 그만큼 준비해야 할 것은 많은데 시간적 여유가 없기 때문이다.

○ 서류전형은 통과확률이 높지만, 문제는 면접전형이다. 직무경험이 미흡한 경우는 면접에서 면접위원을 설득하기 어렵기 때문이다.

필자의 경험으로 보면 Good Case 학생이 가장 많다. 당신도 해당된다면 조급하게 생각하지 말자. 그래도 시간과 방법이 있으니 다음과 같이 체계적으로 취업 준비를 하자.

◎ 이자면 관통 TIP

3학년 때 해야 할 일
• 회사와 직무 선택: 타깃 확정
• 지원 회사가 추천하는 전공과목 수강, 높은 학점 획득
  – JD의 Recommended Subject 참고
• 직무 관련 프로젝트 수행, 직무 관련 Tool 학습, 영어회화 자격 취득
  – JD의 Requirements, Pluses 참고

◎ 이자면 관통 TIP

4학년이 되면서 해야 할 일
• 3학년 때 해야 할 일을 점검한 다음, 미흡한 항목을 수행
• 4학년 1학기: 이력서와 자소서 작성
• 4학년 2학기: 직무적성검사 대비, 이력서와 자소서를 기반으로 면접 준비

Worst Case: 4학년을 앞두고 취업을 고민한다

[Worst Case: 취업 준비 로드맵]

◦ 별다른 취업준비 없이 대학생활을 하고 4학년을 맞이한 학생들은 3단계를 동시에 고민하고 준비해야 한다. 그만큼 실패 확률이 높다. 특히 3학년까지 학점이 낮고(3.2 미만 기준), 공백기가 있다면 더더욱 어렵다.

◦ 4학년을 시작하며 타깃을 확정하면 물리적으로 넘기 어려운 장애물이 많다. 가장 심각한 것이 전공수업과 학점이다. 필요한 전공수업을 수강할 기회가 없고, 낮은 학점을 높이는 것도 한계가 있기 때문이다.

◦ 지원자격인 어학(영어회화) 취득에도 많은 시간을 투입해야 한다.

◦ 결국 JD 적합도 분석이 미흡한 상태에서 '묻지마 지원'을 하게 된다. 이력서와 자소서도 대충 작성하여 지원하는데만 급급하다.

◦ 다행히 서류전형을 통과하여 면접 기회를 잡더라도 취약한 직무 적합도를 어필하기가 쉽지 않다.

당신이 Worst Case에 해당된다면 단기간에 전략적으로 취업 준비를 하자.

◎ 이자면 관통 TIP

4학년 1학기 때 해야 할 일
· 회사와 직무 선택: 타깃 확정
· 지원 회사가 추천하는 전공과목 수강, 직무 관련 프로젝트 수행
· 영어회화 자격 취득

◎ 이자면 관통 TIP

4학년 2학기를 시작하면서 해야 할 일
· 이력서와 자소서 작성
· 직무적성검사 대비, 이력서와 자소서를 기반으로 면접 준비

◎ 이자면 관통 TIP

추가적인 조언
· (반도체 지원자라면) NCS 반도체 교육과정 수강, 반도체 공정실습 참가
  – 학교에서 하기 어려운 경우, 외부 전문기관을 활용
· 준비가 미흡하다고 아예 지원을 포기하는 것은 좋지 않다.
  – 여러 기업에 지원하여 작은 성공 경험을 쌓아가는 것이 중요하다.

취업은 거북이처럼 준비하자

세 가지 Case를 이솝우화 '토끼와 거북이' 이야기로 비유해보자. 경주에서 토끼는 지고 거북이가 이긴 진짜 이유는 무엇일까? 상대와 목표의 차이다. 토끼는 오로지 '상대'를 이기기 위해 달리기를 했지만, 거북이는 '목표'를 이루기 위해 묵묵히 걷기를 했다는 것이다.

대학 시절을 취업경쟁이 아닌 인생목표를 찾아가는 과정으로 생각하자. 그래야만 상대를 이기기 위한 스펙쌓기에 몰두하지 않고 본연의 대학 생활, 즉 전공 공부와 직무경험에 투자할 수 있다.

진정한 승리는 경쟁(스펙)의 산물이 아니라 시간과 노력(인생목표)의 산물이다. 남을 이기려는 경쟁보다 나 자신을 완성하려는 시간과 노력이 더욱 중요하다. 상아탑을 나서면 거친 세상과 맞서야 하는 대학생들에게 꼭 들려주고 싶은 이야기이다.

'거북이처럼 취업을 준비하자'

작성자인 자신의 생각이 중요한 것이 아니다. 당신의 이력서와 자소서를 읽고
평가하는 평가위원의 관점, 이력서와 자소서 내용을 기반으로 질문하는 면접위
원의 관점이 중요하다는 것이다.

이자면 관통하기

- 합격으로 가는 열쇠 -

Chapter 1의 내용을 바탕으로 타깃을 확정하고 취업 설계를 했다면, 이제 본격적으로 취업 준비에 들어가야 한다.

이력서와 자소서를 작성하는 것이 첫 번째 걸음이다. 이 과정에서도 관점 바꾸기가 필요하다. 작성자인 자신의 생각이 중요한 것이 아니다. 당신의 이력서와 자소서를 읽고 평가하는 평가위원의 관점, 이력서와 자소서 내용을 기반으로 질문하는 면접위원의 관점이 중요하다는 것이다.

'나'를 소개하는 것이 아니라 '회사'를 설득하는 것이다

이자면 관통하기 : '나' 소개 〈 면접위원 설득

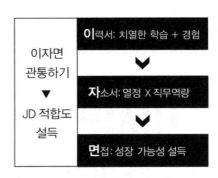

[이자면 관통하기]

대기업을 지원하는 모든 대학생의 목표는 최종 합격하는 것이다. 이를 실현하기 위해서는 ① 서류전형 → ② 직무적성검사 → ③ 면접전형, 3단계 관문을 통과해야 한다. 이 가운데 직무적성검사는 별도의 과정이지만, 서류전형과 면접전형은 동일한 연장선에서 생각해야 한다.

서류전형 단계, 즉 지원 준비를 하는 과정에서 이력서, 자소서를 반드시 작성해야 한다. 그리고 서류전형과 직무적성검사를 통과하면 면접 준비가 필요한데, 그 기본이 이력서와 자소서이다. 결론적으로 ① 이력서 → ② 자소서 → ③ 면접까지, 세 단계가 일관성이 있어야 한다. 간단하게 '이자면 관통하기'라고 이해하자. 각 단계를 개별적으로 보지 않고 전체적으로 이어진 하나의 과정으로 파악해야 한다는 것이다.

- ◉ 이력서 : 치열하게 준비한 공부/경험을 소개
  - 지원하기 위한 노력과 성과물을 정확히 전달하기
- ◉ 자소서 : 이력서의 핵심 내용을 자소서의 스토리로 전개
  - 회사/직무에 대한 열정과 직무역량을 어필하기
- ◉ 면접 : 이력서 + 자소서 내용을 중심으로 성장 가능성을 설득
  - 면접위원에게 '같이 일하고 싶은 후배'로 각인시키기

이력서의 여러 항목을 어떻게 작성해야 하는가? 자소서의 각 주제에 적합한 스토리는 무엇인가? 면접에서 가장 강력한 설득무기인 이력서와 자소서를 어떻게 활용해야 하는가? 취업 준비를 하면서 꼭 생각해봐야 하는 질문들을 바탕으로 이자면에 대해 구체적으로 설명하고자 한다.

먼저 이자면 관통하기의 힘을 실제 사례를 통해 알아보자. 최고의 경우(Best Case)를 통해 합격한 친구의 사례를 살펴보고, 반대로 최악의 경우(Worst Case)를 통해 탈락한 친구의 사례도 살펴보자. 그 차이를 '이자면 관통하기' 관점에서 이해하면 된다.

합격자와 탈락자 : 이자면 관통 vs 불통의 차이

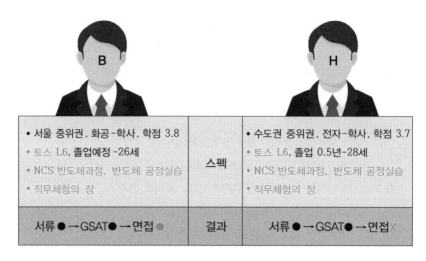

	스펙	
• 서울 중위권, 화공-학사, 학점 3.8 • 토스 L6, 졸업예정 - 26세 • NCS 반도체과정, 반도체 공정실습 • 직무체험의 장	스펙	• 수도권 중위권, 전자-학사, 학점 3.7 • 토스 L6, 졸업 0.5년 - 28세 • NCS 반도체과정, 반도체 공정실습 • 직무체험의 장
서류●→GSAT●→면접●	결과	서류●→GSAT●→면접X

[B지원자 VS H지원자]

두 지원자의 스펙을 비교해보자. 학교, 전공, 나이 정도에서 차이가 나지만 결정적인 요소는 아니다. 오히려 둘 사이에는 같은 스펙이 훨씬 많다.

- ◎ 학점 수준이 비슷하고 토스 수준도 같다.
- ◎ 최근 반도체 회사 지원자들이 많이 준비하는 3가지 스펙 - NCS 반도체 교육과정, 반도체 공정실습, 직무체험의 장 - 경험이 동일하다.

B와 H는 같은 삼성전자 반도체부문의 같은 사업부를 지원했다. 지원직무는 다르다. 화학공학을 전공한 B는 공정기술 직무를 지원했고, 전자공학을 전공한 H는 설비기술 직무를 지원했다.

그러나 최종 결과를 보면 B는 면접에서 합격한 반면, H는 면접에서 탈락했다. 두 지원자 사이에 합격과 탈락을 가른 결정적인 차이점은 무엇일까? 필자가 두 지원자의 이력서, 자소서, 면접복기 내용을 체크한 다음에 내린 결론은 다음과 같다.

◎ 학교, 전공, 나이 등 스펙의 차이는 별다른 영향을 미치지 못했다.

◎ 결론적으로 '이자면 관통 vs 불통'의 차이가 합격과 탈락을 갈랐다. 그 차이점을 자세히 파헤쳐보자.

그 해 3월, 자소서 작성반에서 B지원자를 만났다. 이력서 내용을 바탕으로 자소서의 스토리를 다시 신징하고 지원동기와 직무역량을 구체화시켰다. 서류전형과 직무적성검사를 통과한 B를 면접 종합반에서 다시 만났다. 그는 필자가 강의한 면접 이론과 모의면접을 3번이나 수강했고, 그 덕분인지 최종 합격을 거머쥐었다.

합격자 Case: 공정기술 엔지니어 지원

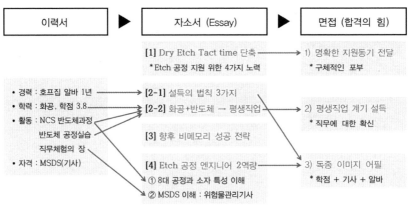

[B지원자 – 이자면 관통 Case]

이력서와 자소서의 연결

[자소서 1번] 지원동기 및 포부

- ● 반도체 에칭공정에 대한 관심/학습 → 지원동기 및 포부로 연결 〈소제목: Dry Etch Tact time 단축〉

▶ 에칭공정 엔지니어가 되기 위한 노력해온 4가지 역량을 강조 (화학공학, NCS 반도체 교육과정, 위험물산업기사, 프로젝트/알바 등 협업 경험)

[자소서 2-1번] 성장과정-1 스토리

○ 호프집 알바 1년 경험 → 성장과정(가치관)으로 연결 〈소제목: 사람을 대하는 태도의 중요성 – 설득의 법칙 3가지〉

▶ '힘든 상황에서 도망치지 않는다'는 가치관을 어필, 사람/고객을 대할 때 태도의 중요성도 강조, 경험으로 체득한 '공감 → 설득 → 관심'이란 설득의 3법칙을 소개

[자소서 2-2번] 성장과정-2 스토리

○ 화학공학 전공 + 반도체 학습 → 성장과정(직업관)으로 연결 〈소제목 : 화학공학 + 반도체 → 평생직업을 찾다〉

▶ 화학공학을 전공으로 선택한 이유, 반도체 전공과의 첫 만남, 이를 통해 반도체 공정기술 엔지니어를 평생직업으로 확신하게 된 계기를 어필

[자소서 4번] 직무역량

○ 화학공학 + 반도체 공부/경험 → 직무역량으로 연결

▶ 공정기술 엔지니어에 적합한 2가지 역량을 어필

① 8대 공정과 소자 특성 이해: 반도체 8대 공정 → 특히 에칭공정에 대한 열정과 전문역량을 강조

② MSDS 이해 역량: 위험물관리기사 자격증 보유

B지원자의 경우, 이력서에는 삼성전자에 지원하기 위해 치열하게 노력해온 공부와 경험을 잘 정리했다. 그리고 자소서를 통해 입사하고 싶은 열정과 직무역량을 효과적으로 전달했다.

면접복기 분석: 합격의 힘

B지원자가 실제 면접에서 받은 질문과 그에 대한 답변을 분석하면 최종 합격한 이유를 정확히 알 수 있다. 면접위원들에게 성장 가능성을 설득하는 데 성공한 것이 그 핵심이다. [▶ 인사담당자 시리즈 면접 도서로 연결]

① 명확한 지원동기 전달

지원동기가 명확하고, 포부도 아주 구체적이다.

② 평생직업 계기 설득

대학 4년을 취업을 위한 스펙쌓기(경쟁)에 몰두하지 않고, 직무역량(평생직업)을 쌓기 위해 노력해 왔다는 것을 전달했다. 이를 통해 지원직무에 대해 확신을 가진 지원자임을 설득했다.

③ 독종 이미지 어필

전체적으로 승부근성이 강한 사람이라는 이미지를 심어주었다. 높은 학점 + 위험물관리기사 취득 + 어려운 알바 경험을 그 근거로 설명했다.

B지원자는 임원면접을 볼 때, 이력서/자소서 내용에서 총 11개의 질문을 받았는데, 대부분 긍정적인 질문이었다.

이력서 내용에서는 6개의 질문을 받았다.

- 학점이 좋은데, 대학원 진학은 생각해보지 않았나요?
- 아르바이트에 호프집 알바라고 있는데 무슨 아르바이트인가요?
- 사단장 표창장을 받았는데, 이거 어떻게 받은 건가요?
- 취미가 축구이고 축구 동아리를 했는데, 본인의 축구실력을 점수로 매긴다면 몇 점을 주겠어요?
- 취미가 유튜브 컨텐츠 연구인데, 무엇을 연구한다는 것인가요?

○ 존경하는 인물이 ○○○ 박사인데, 많이 알려지지는 않은 분입니다. 어떻게 알게 되었고 왜 존경하게 됐는지 말해줄 수 있나요?

자소서 스토리를 참고한 질문은 5개이다.

○ 반도체 산업을 선택한 이유는 무엇인가요?

○ 자소서에 Dry Etch 공정을 하고 싶다고 했는데, 그 이유는 무엇인가요?

○ 자소서를 보니까, 상당히 구체적으로 잘 쓴 것 같다. '공정 Tact time 단축' 이런 말은 어디서 들은 건가요?

○ 독하다는 말을 많이 듣는다고 했는데, 학업은 독하게 한 것 같고, 학업 외에 독하게 꾸준히 노력해서 이뤄낸 것이 있나요?

○ 자소서에 평생직업, 직무에 대한 확신 이런 문구들이 있는데, 이러한 생각을 하게 된 사건이나 계기가 있나요?

B지원자의 합격 후기

B가 합격 문자를 받은 다음, 필자에게 보내준 메일이다.

"선생님, B입니다. 삼성전자 면접에 합격했습니다! 선생님 강의 덕분에 도움이 정말 많이 됐습니다. 정말 감사합니다!"

이 같은 합격소식을 받으면 정말 기쁘다. 내가 하는 일에서 보람도 찾고 의미를 느낄 수 있다. 그래서 오히려 내가 고맙다고 답신을 한다. "저에게 좋은 선물을 전해줘서 고맙습니다."라고 말이다.

다음은 B합격자가 보내준 합격후기의 일부이다. 서류전형 준비부터 면접까지 자세히 정리해서 보내주었는데, 그 가운데 자소서 내용만 인용한다.

"자소서에 지나치게 시간을 투자하는 것은 옳지 못하지만, 자소서를 쓰고 서류전형을 준비하는 단계에서 최종면접까지 바라보고 정성껏 써야하는 것은 맞다고 생각합니다. 저 같은 경우 나상무 선생님의 '자소서 사생결

단' 강의로 이력서를 정성들여 작성하고 자소서에서부터 입사의지와 직무 역량을 잘 강조했기 때문에 이력서와 자소서, 면접까지 일관성있는 모습을 보여줄 수 있었다고 생각합니다. 실제 면접에서도 자소서 기반의 질문을 받고 면접관분들께 자소서를 구체적으로 잘 썼다고 칭찬을 받을 수 있었습니다."

Worst Case: H지원자의 탈락 원인

H는 탈락의 후유증을 극복하고 합격을 성취해낸 지원자이다. 그 해 12월 초, 하반기 삼성전자 면접에서 탈락한 지원자를 만났다. 탈락 원인을 분석하고 제대로 재도전을 준비하자는 목적이었다. 먼저 H지원자의 탈락 원인을 구체적으로 파헤쳐보자.

탈락자 Case: 설비기술 엔지니어 지원

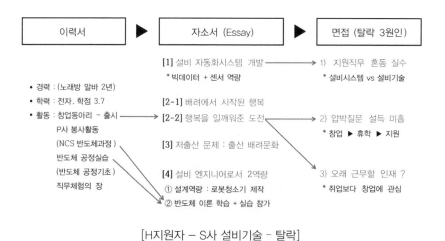

[H지원자 – S사 설비기술 – 탈락]

이력서와 자소서의 연결

[자소서 1번] 지원동기 및 포부

○ 회로설계 프로젝트 경험 → 지원동기 및 포부로 연결

▶ 설비기술 엔지니어로 지원한 동기, 설비 시스템 개발이란 포부, 설비기술을 지원하기 위한 노력 2가지를 강조(빅데이터, 센서에 대한 지식)

[자소서 2-1번] 성장과정-1 스토리

- 소심한 성격의 동생 이야기 → 성장과정(가치관)으로 연결
  - ▶ 동생에 대한 배려를 통해 가족관계 개선. 이 경험을 바탕으로 설비기술팀에서 최고의 팀워크를 발휘할 수 있는 인재임을 강조

[자소서 2-2번] 성장과정-2 스토리

- 창업동아리 : 서비스 앱 개발/출시 경험 → 성장과정(직업관)으로 연결
  - ▶ 창업동아리를 하게 된 계기, 도전 및 실패 과정을 자세하게 설명. 그 과정에서 '무언가를 개선하고자 하는 즐거움'과 '누군가 사용해주는 상상에서의 뿌듯함'을 느꼈다고 어필

[자소서 4번] 직무역량

- 제품 설계역량 + 반도체 지식 → 직무역량으로 연결
  - ▶ 설비기술 엔지니어가 되기 위해 노력한 2가지 역량 어필
    ① 적외선 센서를 이용한 로봇 청소기 제작
    ② 반도체 이론 학습(NCS 반도체 교육과정) + 실습 참가(반도체 공정실습)

필자가 분석한 이력서에서 아쉬운 점은 다음과 같다.

- 서비스 앱 개발을 '창업'이란 키워드로 표현한 것이 아쉽다. 면접위원 관점에서 창업 활동은 부정적이다. 지원직무와 연관성이 적은 분야에서의 창업이라면 더욱 그렇다.
- 이력서에 P사 봉사활동은 적지 않는 것이 좋다. 지원회사와 연관성이 없다. 이력서의 항목을 채우기 위해 의미 없는 내용을 적는 것은 자제하는 것이 좋다.
- 반대로 봉사활동보다 중요한 노래방 알바 2년, NCS 반도체 교육과정, 반도체 공정기초 수강 등은 적지도 않았다. 지원회사와 관련된 내용은 이력서와 자소서에 중복해서 적어도 무방하다.

자소서에서 아쉬운 점도 정리해보았다.

- '창업동아리' 활동을 메인 스토리로 강조한 것이 결정적인 패착이다. 지원자는 개선의 즐거움, 고객 만족의 뿌듯함을 어필했다. 하지만 면접위원은 우리 회사에 입사하는 것보다 창업에 관심이 많은 친구라고 생각한다. 창업에 대해 서로 생각하는 관점이 다르다는 것을 간과했다.
- '행복'이라는 키워드를 2번이나 강조한 것도 아쉬운 대목이다. '내가 추구하는 행복을 일깨워준 도전', '작은 배려에서 시작한 되찾은 행복'이란 소제목을 적었다. 행복이란 단어는 회사의 인재상과는 그다지 어울리지 않는다.
- 고생한 가정사를 구체적으로 소개한 것도 긍정적이지는 않다. 소심한 성격의 동생 이야기가 지원자에게는 중요한 내용이지만, 면접위원들 입장에서는 부담이 되는 내용이다. 또한 지원자의 가치관을 어필하기에도 적합하지 않다.

면접복기 분석: 탈락 원인 분석

H지원자의 면접복기를 보면 탈락을 초래한 3가지 결정적인 장면이 있다.

[▶ 인사담당자 시리즈 면접·도서로 연결]

① 창업동아리에 대한 압박질문이다.

창업동아리 활동을 하게 된 계기는? 창업 활동 중에 휴학을 한 이유는? 그러다가 갑자기 우리 회사를 지원한 이유는? 이 같은 압박질문에 대해 면접위원을 설득하는데 실패했다.

② 지원직무를 혼동했다.

자소서에는 설비를 운영하는 시스템을 개발하고 싶어 지원했다고 적었다. 그러나 지원동기를 물었을 때, 설비 개발에 대한 관심과 흥미를 강조했다. 면접위원이 답변을 중간에 끊고 H지원자는 설비 자체를 개발하고 싶은 것인지? 설비를 운영하는 시스템을 개발하고 싶은 것인지? 되물었을 때도 자신의 실수를 알아채지 못했다.

③ '오래 근무할 인재인가?'에 대해 확신을 주지 못했다.

이력서와 자소서에 창업동아리 활동이 자랑처럼 기술되어 있고, 면접 답변을 통해서도 설득이 미흡했다. 그리고 H지원자는 첫인상이 부드러운데다 인간미 이미지를 강하게 각인시킨 것도 약점으로 작용했다. 자소서 소제목에 '행복'이란 부드러운 키워드를 활용한 것도 패착이다.

실제 인성면접을 볼 때, 이력서와 자소서 내용을 참고한 질문을 받았지만 부정적인 관점의 질문이 많았다.

- 창업했다고 하는데 어떤 것이었나요?
- 창업 활동을 열심히 하다가 휴학은 왜 했어요?
- 그런데 창업 일을 하다가 왜 갑자기 반도체 분야를 지원하게 되었나요?
- 상반기 채용 과정에서 떨어진 이후로 무엇을 했나요?
- 평소에 뭐 하면서 지내나요?
- 살면서 하기 싫은 일을 해보았던 경험이 있다면 무엇인가요?
- 자소서에 자동화 설비 시스템을 개발해보고 싶다고 했는데 어떤 것인가요?

H지원자는 탈락 원인을 참고하여 재도전을 준비했다. 목표는 반도체 중견기업의 CS 엔지니어 직무였다. 부서진 멘탈을 회복하는 것부터 시작했다. 그리고 면접을 준비한다는 생각으로 이력서와 자소서를 다시 작성했다.

그 결과 다음 해 2월 말, 탄탄한 반도체 장비회사인 ASML에 당당히 합격했다. 3개월 동안 진행된 그의 노력을 소개한다. [▶ p.238 자소서로 연결]

탈락 후 합격 Case: CS 엔지니어 지원

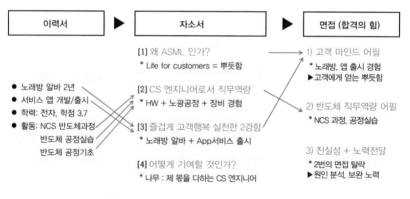

[H지원자 - ASML사 CS엔지니어 - 합격]

이력서와 자소서의 연결

H는 반도체 설비업체인 ASML사의 CS(Customer Support) 엔지니어에 지원하기 위해 삼성전자에 제출했던 이력서와 자소서를 대대적으로 갈아엎었다. 수정의 기준은 2가지 관점을 바꾼 것이다. 하나는 ASML사 면접

위원의 관점에서 생각하고, 다른 하나는 지원직무인 CS 엔지니어의 관점에서 작성했다는 점이다.

[자소서 1번] 왜 ASML인가?

- Life for Customers : 고객 서비스 경험 → 지원동기로 연결
  - ▶ 고객 서비스 및 고객을 만족시키는 과정에서 '뿌듯함'을 느꼈다고 어필, 이를 계기로 CS 엔지니어에 지원했다고 강조

[자소서 2번] CS 엔지니어로서 습득한 직무역량

- HW 개발 + 노광공정 이해 + 장비 경험 → CS 엔지니어로서의 전문성 강조
  - ▶ 전자공학 + Hardware 개발 역량, 노광공정에 대한 높은 이해도, 반도체 공정실습 등 어필

[자소서 3번] 즐겁게 고객행복을 실천한 2가지 경험

- 노래방 알바 + 서비스 앱 출시 → 고객지향적인 마인드 전달
  - ▶ 즐겁게 일한 2년의 노래방 알바, 고객행복을 일깨워준 앱 서비스 출시 → 삼성전자 자소서에 적었던 소심한 성격의 동생 스토리는 제외, '창업'이란 표현 대신 서비스 앱 개발에 도전한 프로젝트 개념으로 표현

[자소서 4번] CS 엔지니어로서 어떻게 기여할 것인가?

- 항상 같은 자리의 '나무'가 되기 위해 → 팀원, 고객에게 신뢰를 주고, '제대로' 제 몫을 다하는 나무로 표현
  - ▶ 입사 후, 5년 이내, 10년 이내로 구분하여 ASML을 대표하는 CS 엔지니어가 되겠다는 포부를 설명

자소서에서는 CS 엔지니어 관점에서 고객 마인드에 대한 2가지 경험을 스토리로 풀어냈다.

- 노래방 알바 2년: 손님을 대하는 태도의 변화를 통해 단골손님을 확보한 경험을 어필했다.
- 서비스 앱 개발: 고객의 편의를 위해 고민하고 개발하는 작업이 즐거웠음을 전달했다.

이력서에는 반도체 전문역량을 쌓기 위해 노력한 내용을 정리했다.

- 반도체 공정실습: 반도체 설비를 직접 운영하고 이슈를 해결한 경험을 강조했다.
- NCS 반도체 교육과정: 반도체 8대 공정에 대해 이해하고 있음을 설명했다.

면접복기 분석: 합격의 힘

H지원자의 면접복기를 하면서 이전의 탈락 원인과는 다르게 합격으로 이끈 3가지 힘을 찾았다. [▶ 인사담당자 시리즈 면접 도서로 연결]

① 고객 마인드 어필

노래방 알바 경험, 서비스 앱 출시 경험을 통해 고객에게 얻는 '뿌듯함'을 강조했다.

② 진실성 + 노력 이미지 전달

면접 경험에 대해 답변할 때, 2번의 면접에서 실패한 경험을 진솔하게 설명. 탈락 원인을 분석하고 이를 보완하기 노력하고 있음을 어필했다.

③ 반도체 직무역량 어필

CS 엔지니어에게 필요한 반도체 지식을 전달했다.

1차 → 2차 → 3차 면접을 진행하면서 면접위원들이 확인하려고 질문한 내용은 다음과 같다.

- 왜 CS 엔지니어가 되려고 하나요?
- 정말 하고 싶어서 이 직무에 지원한 것인가요?
- 고객과 함께 부딪힐 일이 많은 직무인데, 그와 관련한 경험이 있나요?
- 오래 버티고 나가지 않을 사람인가요?
- 팀원들과 얼마나 잘 친해 질 수 있는 사람인가요?
- 기본적인 반도체 지식은 갖춘 사람인가요?

H지원자는 긴 공백기, 많은 나이, 면접 탈락 경험 등으로 자신감이 떨어져 있었다. 특히 자신이 작성한 이력서의 스펙, 자소서의 스토리에 대해 막연한 불안감을 가지고 있었다. '면접위원이 공격적인 질문을 하면 어떻게 하지?'라고 지나치게 걱정하는 모습을 확인할 수 있었다.

합격으로 이끈 2가지 조언

필자는 상담을 진행하면서 지원자에게 2가지 해결책을 제시했다.

- 먼저, 이자면 관점에서 이력서와 자소서를 갈아엎었다. 면접위원 관점에서 이력서와 자소서를 다시 작성하고, 이를 기반으로 면접을 준비했다.
- 다음으로 '자신을 믿어야 한다'고 당부했다. 이력서, 자소서 속에 표현된 '나'를 믿으라는 의미이다. 물론 고객사의 설비를 모니터링하는 CS 엔지니어라는 지원 직무를 염두에 두고 진행했다.

이력서, 자소서 속 '나'를 믿자. 그래야 자소서 스토리를 자신 있게 작성할 수 있고, 면접에서도 패기 있게 답변할 수 있다. H지원자의 경우, 자신의 장점을 찾아가는 노력 덕분에 합격이라는 성과를 얻었다.

PART

02

이력서 작성법

CHAPTER 03 서류통과 이력서 작성법

많은 학생들이 자소서와 면접 준비에 비중을 두고 이력서는 등한시하는 경향이 있다. 하지만 이력서는 회사의 인사팀에서, 면접위원들이 가장 먼저 보는 자료이므로 지원자의 첫인상을 심어주는 중요한 역할을 한다. 따라서 이력서를 작성할 때에도 세심하게 신경을 써야 한다.

서류통과 이력서 작성법

이자면 관통하기 중 첫 단계인 이력서 작성방법에 대해 알아보도록 하자. 많은 학생들이 자소서와 면접 준비에 비중을 두고 이력서는 등한시하는 경향이 있다. 하지만 이력서는 회사의 인사팀에서, 면접위원들이 가장 먼저 보는 자료이므로 지원자의 첫인상을 심어주는 중요한 역할을 한다. 따라서 이력서를 작성할 때에도 세심하게 신경을 써야 한다.

취업 과정은 설득의 연속이다. 채용 단계마다 회사와 면접위원을 설득해야 한다. 그 설득의 시작이 바로 이력서이다. 이력서는 서류전형과 면접전형에서 중요한 2가지 역할을 한다. 이력서가 두 전형에서 어떤 역할을 하며 이를 활용해 이력서를 어떻게 작성해야 하는지에 대해 이야기해보자.

서류전형: 적정스펙 어필 → 낮은 스펙 깨부수기

대부분의 회사는 이력서와 자소서를 근거로 서류전형 통과자를 선정한다.

- 이력서: 회사별로 중시하는 항목을 통해 '적정스펙'을 평가한다.
- 자소서: 주제별 스토리를 읽고 '성장 가능성'을 평가한다.

이력서는 자소서와 다르게 스토리보다 적정스펙을 확인하는 자료이다. 적정스펙을 통해 회사 및 직무에 적합한 자격/역량을 갖추었는지 판단한다. 회사별로 평가항목이 다르고, 평가방법도 다르다.

하지만 이력서는 단순히 스펙을 확인하는 차원을 넘어 낮은 스펙을 깨부수는 역할도 한다. 이력서에는 낮은 스펙을 극복할 수 있는 항목들이 있다. 이를 잘 파악해 제대로 작성해야 한다. 그렇다면 이력서의 어떤 항목들을 활용해야 하는지 두 가지 경우를 통해 살펴보도록 하자. [▶ p.73 이력서로 연결]

① 이자면 관통하기: 학교 또는 학점 극복

낮은 스펙을 극복할 수 있는 이력서 항목은 학업과정 중 특기사항, 직무
관련 경력, 대내외 활동, 직무관련 자격/면허, 직무관련 수상 등이다.

이 항목들을 명확하게 정리해서 이력서에 작성하고, 이 가운데 핵심 내
용은 자소서의 스토리로 어필하면 된다. 그리고 면접에서 이력서와 자
소서 내용을 답변의 근거로 활용해야 한다. 이렇게 이자면을 관통하는
핵심 키워드를 먼저 이력서에서 잘 제시하는 것이 좋다.

② 직무경험 어필: 학교 또는 학점 극복

회사에서 채용공고와 함께 제공하는 JD는 중요한 자료이다. JD를 잘 분
석하면, 그 내용을 이력서에도 무궁무진하게 활용할 수 있다. 삼성전자
반도체부문의 JD가 대표적이다. 세부 직무별로 Role, Recommended
Subject, Requirements, Pluses 등 4항목이 설명되어 있다.

자신이 학습/경험한 내용이 Recommended Subject, Requirements,
Pluses에 해당하는지 정리한 다음, 이를 이력서에서 효과적으로 강조해
야 한다. 이 가운데 Pluses에 해당하는 직무경험이 가장 중요하다. 직무
와 연관된 경험을 보유했다면 가점을 받을 수 있기 때문이다.

면접: 면접위원이 긍정적인 질문을 하도록 유도

면접에서 1분 자기소개를 마치면 면접위원이 질문을 시작한다. 첫 번째
질문은 다음 2가지 가운데 하나라고 보면 된다.

- 자기소개 질문: 지원자가 방금 소개한 내용과 연관된 질문을 한다.
- 이력서 질문: 미리 살펴본 이력서 내용을 확인하는 질문을 한다.

이처럼 면접 초반의 질문은 이력서에서 시작하는 경우가 많다. 이력서 내용을 통해 회사와 맞는 인성을 지녔는지, 직무에 적합한 역량을 갖추었는지 검증하는 것이다. 다만 면접위원 관점에서 긍정적으로 하는 질문과 부정적으로 하는 질문이 있다. 이에 대해서는 다음의 이력서 Worst-3 질문에서 확인해보자.

그리고 졸업을 앞둔 대학생의 경우, 자신의 노력으로 향상시킬 수 있는 항목과 향상이 불가한 항목이 있다. 여러 항목 가운데 자신의 노력으로 바꿀 수 있는 항목을 냉철하게 판단해 대비하는 것이 필요하다.

◎ 향상이 불가한 항목
　– 학교, 전공, 학점(평점) 등은 이미 확정된 항목이다. 더 이상 고민하지 말자. 바꿀 수 없는 결과에 대해 고민하는 것은 에너지를 낭비하는 일이다.

◎ 향상이 가능한 항목
　– 어학 자격증, 직무관련 자격증, 직무관련 경력, 대내외 활동 등이다. 자신의 노력에 따라 적정스펙을 올릴 수 있는 항목이다. 하지만 스펙에 지나치게 매달리는 희망고문이 되지 않았으면 좋겠다.

이력서 작성 TIP: 긍정적인 경험을 최대화시키자

이력서와 관련해 자주 느끼는 안타까운 점이 있다. 회사가 너무 많은 스펙을 요구한다는 사실이다. 소위 8대 스펙 같은 것들을 요구하는 것 같아 안타깝다. 반면에 많은 대학생들이 이력서의 중요성을 간과하는 것은 아쉬운 대목이다. 자소서에 비해 이력서는 간단한 칸(항목) 채우기 수준으로 생각하는 지원자가 많은데, 절대 그렇지 않다.

이번에는 이력서 작성팁에 대해 자세히 알아보자. 특히 이력서 항목의 학습/경험은 곧 자소서의 소재가 된다는 이자면 관점을 기억하자. [▶ p.102 자소서 소재로 연결]

긍정적인 내용 최대화 & 부정적인 내용 최소화

이력서 항목은 회사별로 크게 다르지 않다. 다만 요구하는 항목이 많고 적고의 차이가 있을 뿐이다. 크게 3가지 주제로 구분해 정리하면 작성하기 쉽다.

- ⊙ 직무 적합도: 직무경력, 자격/면허, 수상경력 등을 통해 '적정스펙'을 어필한다.
- ⊙ 품성/가치관: 존경인물, 취미/특기 등으로 '성장 가능성'을 보여준다.
- ⊙ 대내외 활동: 활동 내용에 따라 직무 적합도와 성장 가능성을 전달할 수 있다.

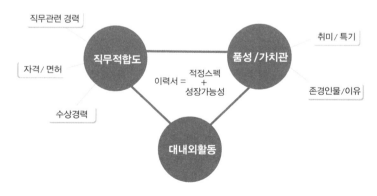

[이력서 항목의 3가지 주제]

이력서 항목마다 무조건 많은 내용을 적는 것이 정답은 아니다. 3가지 주제에 따라 이력서를 전략적으로 작성해야 한다.

- ◉ 먼저, 자신을 긍정적으로 어필할 수 있는 내용은 적극 소개하자.
- ◉ 반대로, 자신이 부정적으로 인식될 수 있는 내용은 최소화하든지 아예 적지 않는 것이 좋다.

직무 적합도 항목: 직무와 연관성이 클수록 좋다

① 직무관련 경력
- ◉ 여기서 경력은 일정기간 계약을 하고 금전적으로 보수를 받은 것을 말한다.
- ◉ 경력은 직무와의 연관성이 중요하다. 구체적인 업무수행내용, 본인의 역할/기여도를 명확하게 어필하는 것이 좋다.
  - − 지원직무와 연관성이 높은 업무라면 그 내용을 구체적으로 적어야 한다.
  - − 직무 연관성이 낮은 경우에는 업무 내용은 간단히 적고 공학도로서의 마인드나 엔지니어로서 활용한 프로세스 등을 강조한다.
- ◉ 대학생들이 많이 하는 아르바이트도 경력에 해당한다. 아르바이트는 2가지 기준으로 판단해서 기재하자.
  - − 기간이 길수록 좋다. 6개월 이상 지속한 일이라면 적극 소개하자.
  - − 육체적으로 힘든 일이면 좋다. 건설현장, 물류창고, 택배 상하차 등이 대표적이다.

② 직무관련 자격/면허
- ◉ 직무 적합도를 강조할 수 있는 항목이다. 회사는 직무에 대한 열정이 있는지, 묻지마 지원은 아닌지 알고 싶어한다.
- ◉ 특히 우대사항에 명시된 자격증이 있으면 적극적으로 어필해야 한다. 자소서에도 적어 직무 경쟁력을 어필하는 것이 좋다.
- ◉ 하지만 한국사 자격증과 같은 특정한 자격증은 부정적 질문거리를 만들 수 있으니 고민해보는 것이 좋다. 공무원이나 공기업에 관심이 있는 것으로 오해할 수 있기 때문이다.

③ 직무관련 수상경력

　○ 직무 연관성을 2가지 의미로 해석해 작성하자.

　　– 우선, 직무/기술 연관성이 있는 수상은 반드시 강조해야 한다.

　　– 다음, 직무 연관성은 약하지만 인성적인 면을 드러낼 수 있는 수상도 기재하자.

　○ 이외에 논문, 특허, 경진대회 등의 경험도 가능하다.

품성/가치관: 자신의 성장 가능성을 강조하자

① 존경 인물/이유

　○ 존경인물로 부모를 썼다고 탈락시키지는 않는다.

　　– 누구를 존경하느냐 보다 존경하는 이유가 중요하다. 자신의 가치관/인생관
　　에 영향을 준 사람이면 된다.

　　– '갑자기 급조한 인물이 아닐까' 라는 느낌을 주지는 말자.

　○ 평소에 존경인물이 없다고 해서 유명인을 적기보다는 오히려 자신의 전공과 관
　　련된 인물을 구체적으로 적어주는 것이 좋다.

　　– 대학생활에 영향을 준 존경하는 교수나 전공과 관련된 책자의 저자를 적는
　　것도 괜찮다. 인물이 누구든지 간에 자신의 가치관이나 인생관을 보여줄 수
　　있어야 한다.

② 취미/특기

　○ 취미/특기 항목은 가볍게 적을 부분이 아니다. 2가지 관점에서 적으면 좋다.

　　– 자신의 품성/가치관을 상징적으로 표현할 수 있는 것이면 된다. 또 평소에 스
　　트레스를 말끔히 해소할 수 있는 취미/특기를 적어도 좋다.

　　– 그래서 동적인 활동과 함께 정적인 활동을 같이 적는 것도 좋다. 그리고 한
　　단어로 간결하게 표현하기보다는 뒤에 괄호로 부연설명을 해주는 방법도 추
　　천한다.

　○ 다음에 언급하는 대내외 활동(동아리, 스포츠 활동)과 연결시켜서 적는 것도 좋은
　　방법이다.

- 면접 초반에는 가벼운 질문을 많이 하는데 대표적인 것이 취미/특기 항목이다. 이럴 경우 자신 있게, 최근의 구체적인 사례로 답하면 좋다. 취미/특기 답변만 잘 해도 면접의 초반 분위기를 긍정적으로 이끌어갈 수 있다.

대내외 활동: 적극적이고 긍정적인 모습을 보여주자

회사는 전공 공부와 함께 대내외 활동에도 활발하게 참여한 지원자를 선호한다. 적극적이고 긍정적인 성품을 지녔다고 생각하기 때문이다. 여기서 말하는 대내외 활동은 특정한 계약을 하지 않았으며 금전적인 보수가 없는 활동이다.

특히 삼성은 대내외 활동을 4가지—동아리, 스포츠 활동, 커뮤니티/블로그 활동, 각종 연수사항—로 구분해서 적도록 하고 있다.

- 동아리: 조직 생활을 통한 리더십, 팀워크, 소통/협업 경험을 소개한다.
- 스포츠 활동: 적극적이고 긍정적인 경험을 어필한다.
- 커뮤니티/블로그 활동: 자기계발, 자아실현 경험을 강조한다.
- 각종 연수사항: 직무 연관성이 있다면 직무 적합도를 전달할 수 있다. 대표적인 사례가 NCS 반도체 교육과정, 반도체 공정실습 등이다.

대내외 활동 역시 직무 연관성이 높은 활동을 강조하는 것이 좋다.

- 연수사항의 경우 최근에는 학교 이외에서 받은 학습도 인정하므로 직무와 관련된 연수를 미리 받는 것도 좋다.
- 커뮤니티/블로그 활동은 조심해야 할 부분이다. 활동내용 중 부정적인 기업관이나 조직관이 들어가 있다면 기재하지 않는 것이 좋다.
- 봉사활동은 적어도 되지만 봉사활동보다는 재능기부라는 의미로 적는 것이 좋다. 봉사활동이 여러 번 있다면 대표적인 1~2건만 적도록 하자.

이력서와 면접은 친구다

이제는 이력서의 내용이 어떻게 면접으로 연결되는지 알아보자. 임원면접을 하다 보면, 평균적으로 이력서에서 질문을 가장 많이 하게 된다. 대부분 면접 초반에 질문하기 때문에 전체적인 면접 분위기를 좌우하기도 한다.

특히 이력서의 Worst-3 질문에 대해 제대로 설득하지 못해서 탈락하는 사례도 적지 않다. 이력서를 작성할 때 조심해야 하는 Worst-3 질문부터 설명해보자. [▶ 인사담당자 시리즈 면접 도서로 연결]

[▶ 인사담당자 시리즈 면접 도서로 연결]

이력서의 Worst-3 질문

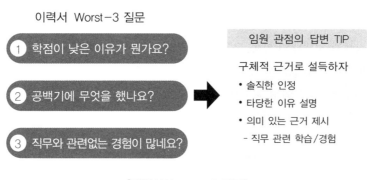

[이력서의 Worst-3 질문]

이력서 항목 가운데 면접위원이 '꼭' 검증하는 세 가지 항목이 있다. 낮은 학점, 긴 공백기, 직무와 관련 없는 경험/활동 등이다. 이런 것들은 부정적인 관점에서 질문하기 때문에 'Worst-3 질문'이라고 부른다.

- 학점이 낮은 이유가 무엇인가요?
- 재학 중 또는 졸업 후 공백기가 있는데, 무엇을 하셨나요?
- 직무와 관련 없는 경험과 활동이 많은데, 반도체 분야는 관심이 없었나요?

Worst-3 질문은 구체적인 근거로 설득하자

이 같은 질문은 면접위원 관점에서 다음과 같이 해석해야 한다. "그 이유를 알고 싶으니 구체적인 내용으로 설득해 주세요." 지원자는 다음과 같이 답변하는 것이 좋다.

- 먼저, 솔직하게 인정한다. 부족했던 점은 인정하는 태도가 필요하다.
- 다음, 타당한 이유를 설명한다. 관련 내용이 이력서나 자소서에 있으면 더욱 좋다.
- 그리고, 의미 있는 근거를 제시한다. 직무와 관련된 학습/경험을 제시하여 면접위원을 설득하자.

여기서 말하는 '의미 있는' 경험이나 활동은 어떤 것일까? 직무관련 경력, 직무관련 대내외 활동, 직무관련 자격증 등이 대표적이다. 그리고 이러한 내용을 이력서에 '반드시' 적어야 한다. 이력서에 적힌 의미 있는 학습/경험을 중심으로 설명해야 신뢰성을 높일 수 있다.

이력서와 면접은 친구다: 이력서 질문 Case

이력서는 서류전형은 물론 면접까지 생각하고 작성해야 한다. 면접에서 질문의 기본 자료가 이력서이기 때문이다. 이력서의 주요 항목들이 실제로 면접에서 어떻게 질문으로 연결되는지 소개하겠다.

긍정질문 VS 부정질문: 자만하지도 쫄지도 말자

[긍정질문 VS 부정질문]

면접위원들이 가장 관심 있게 보는 항목은 직무관련 경력과 대내외 활동, 2가지이다. 경력은 고용계약을 맺고 월급을 받으며 한 일, 활동은 월급과 상관없이 자신의 의사에 의해 자발적으로 한 일로 구분하면 된다.

이를 포함하여 이력서의 주요 항목이 실제로 면접에서 어떻게 질문으로 연결되는지 살펴보자. 면접복기를 통해 학생들에게 받은 자료를 면접위원 시각에서 긍정적인 관점의 질문(Positive Question; PQ)과 부정적인 관점의 질문(Negative Question; NQ)으로 구분했다. 그리고 여러분이 가장 궁금해 하는 질문의도와 최종 합격 여부를 설명했다.

① 직무관련 경력

"휴학 기간에 미국 연수를 다녀왔네요. 거기서 H기업의 협력업체에서도 일했는데…
왜 가셨는지? 어떤 일을 하셨는지? 영어로 설명해 줄 수 있나요."

미국에 1년 동안 자비로 어학연수를 갔고, 한국 기업의 현지공장에서 6개월 인턴을 한
지원자이다. 면접위원은 지원자가 어떤 경험을 했는지, 영어회화 실력은 어느 수준인
지를 확인하고 싶어한다. 자비로 연수를 다녀온 만큼 원하는 성과를 얻었는지에 대해
알고 싶은 것이다.

▶ 영어로 설명했지만 많이 더듬거리고 중간에 포기했기 때문에 '탈락'

"카페 경험만 3년이 있네요? 아르바이트도 카페에서 하고 휴학 중에도 카페에서 일
했는데 너무 이쪽으로만 치우쳐 있는 게 아닐까 싶네요. 어떻게 생각하세요?"

지원자는 알바생으로 2년, 매니저로 1년을 같은 카페에서 일했다. 면접위원은 특히 휴
학 기간에 매니저로 일한 이유가 궁금한 것이다. 취업 준비가 필요한 상황이었는데,
왜 카페를 선택했는지 궁금해 하고 있다. 혹시 카페와 같은 서비스업에서 일하고 싶은
것은 아닌지? 성격이 서비스업에 적합한 것은 아닌지? 유도하는 것이다.

▶ 수차례 압박질문에 당황했지만, 3학년 때부터 반도체 역량을 체계적으로 쌓아온
스토리를 진솔하게 전달하여 '합격'

② 직무관련 자격/면허

NQ

"전자공학을 전공하고 평가분석 직무를 지원했는데, 평가분석을 지원하기 위해 따로 준비한 것이 있나요?"

대학교에서 수강한 과목과 수행한 프로젝트를 보면 평가분석보다 다른 직무에 더 적합한 지원자이다. 면접위원은 그럼에도 왜 평가분석을 지원했는지, 그 직무에 열정을 지닌 지원자인지를 알고 싶은 것이다.

▶ 현직자가 추천한 준비(6시그마 블랙벨트 자격)를 했다는 답변 덕분에 '합격'

---

③ 직무관련 수상경력

PQ

"모형자동차 경주대회에서 수상한 경험이 있는데, 두 번씩이나 참가한 이유가 있나요?"

지원자는 첫 번째 참가한 대회에서 예선 탈락했지만, 두 번째 참가한 끝에 장려상을 수상했다. 면접위원은 지원자가 기계공학에 얼마나 열정을 가지고 있는지? 검증하고 싶다. 지원자의 전공학점이 3.2 수준으로 낮기 때문이다. 학점은 미흡하지만 경주대회를 통해 어떤 노력을 했는지? 기회를 주는 질문이다.

▶ 경주대회 경험을 통해 자동차에 대한 열정과 도전을 어필하여 '합격'

④ 대내외 활동

"학업 외에 독하게 꾸준히 노력해서 이뤄낸 것이 무엇인가요?"

지원자는 전공 공부와 함께 알바, 동아리 활동, 스포츠 활동에도 적극적으로 참여했다. 면접위원은 공부 이외에 열정을 쏟아본 활동을 확인하고 싶다. 적극적이고 긍정적인 지원자인지? 판단하려는 것이다.

▶ 알바 사장에게 인정받기 위해 힘들다고 도망치지 않고, 1년 동안 일하면서 자기만의 고객 설득방법을 습득했다고 답변하여 '합격'

"창업동아리를 했다고 하는데 어떤 것이었나요? 그러다가 갑자기 창업 활동을 그만두고 어떻게 우리 회사를 지원하게 되었나요?"

창업으로 서비스 앱을 출시까지 했지만 고객 만족도에서 실패한 지원자이다. 면접위원은 창업에 관심이 많은지, 취업에 관심이 많은지가 궁금하다.

▶ 창업은 수익보다 서비스 앱 출시가 목표였기 때문에 활동을 그만두고 취업 준비를 시작했다고 답변했지만 '탈락'

이력서 내용을 참고해 면접위원이 긍정적 또는 부정적으로 묻는 질문을 소개했다. 긍정 질문이라고 자만해서도 안 되지만 부정 질문이라고 쫄 필요도 없다. 긍정적이든 부정적이든 지원자가 어떻게 답변하느냐에 따라 결과가 달라진다.

○ 긍정 질문으로 느껴지면, 자랑하지 말고 겸손하게 노력한 것을 어필하자.
○ 부정 질문으로 느껴져도, 위축되지 말고 자신 있게 진실성을 전달하자.

Best Case 분석: 삼성 이력서 기준

　지방 중위권 대학에서 전자공학을 전공한 K지원자의 사례이다. 그는 삼성전자에 지원하기 위해 치열하게 준비해온 학생이다.

- ◎ 학점이 4.0으로 높음
- ◎ NCS 반도체 교육과정 수강, 전공 동아리 활동, 경진대회 참가
- ◎ 학부 학생회 활동, 4년 동안의 아르바이트 등

　K는 이 같은 노력에도 불구하고 출신 대학교에 대해 아쉬움을 가지고 있었다. 필자는 그에게 이력서와 자소서를 통해 '학교 = 낮은 스펙'을 깨부술 수 있는 방법을 소개했다. 그의 치열한 노력을 증명할 수 있는 학습/경험이 있었기에 가능했다. [◀ p.60 낮은 스펙에서 연결]

　결국 K는 삼성전자에 합격했다. 면접에서 이력서와 자소서를 통해 열정과 직무경쟁력을 전달하는데 성공했기 때문이다. 이제부터 K지원자의 이력서를 살펴보자. 초안과 수정한 결과를 비교해서 보면, 이력서 작성팁을 보다 구체적으로 이해할 수 있다. 특히 이력서의 어떤 내용이 자소서 스토리로 연결되었는지 참고하면 좋겠다. [▶ p.142 자소서로 연결]

낮은 스펙을 깨부수고 합격을 부른 이력서

① 학력사항 – 학업과정 중 특기사항(직무역량 개발에 도움이 된 활동/경험 100자 이내)

수정 전

학업과정 중 특기사항
3회의 프로젝트를 진행하며, PCB Layout을 설계했습니다. 설계를 위해 다양한 소자의 특성을 정리할 수 있었고, 저만의 TR노트가 생겼습니다.

초안 미흡점
3회의 프로젝트 주제가 없음. 완성된 문장으로 글자 수를 허비

수정 후

학업과정 중 특기사항
• 3회 프로젝트 수행 (LED 달력 프로젝트, 밸런싱 로봇 프로젝트, 블루투스 셀카 프로젝트) → 회로 설계 경험, 나만의 TR 노트 작성
• NCS 반도체 교육 → 8대 공정, 트렌드 이해

수정 TIP
• Job Description의 Pluses 참고: 해당 되는 활동/경험은 반드시 기재
• 3회의 프로젝트 주제를 명확히 강조: 이 중 밸런싱 로봇 프로젝트, 블루투스 셀카 프로젝트 2가지는 자소서 스토리로 연결
• 키워드 문장으로 간략하게 정리: 글자 수의 여유로 NCS 반도체 교육 추가

② 병역사항(주요활동사항 100자 이내)

수정 전

병역사항

공익: 행정업무, 사회복지사 보조

초안 미흡점

없음

수정 TIP

- 장교, 해병대, 특전사 등의 경력은 강조 : 그 과정에서 배운 점도 어필
- 면제, 의사사 제대 : 이유를 구체적으로 기재, 현재는 정상임을 어필

③ 직무관련 경력(경력상세설명 100자 이내)

수정 전

경력/인턴

전자기기 회사 아르바이트, 행사 아르바이트를 기재해도 될지 고민

초안 미흡점

직무 연관성이 적는 경험이라고 무조건 제외하지 말 것

수정 후

경력/인턴

1. M사 / 2013.01~2013.08 (6개월) / 출하팀 / 재고정리, 제품검수, 제품포장 / 출하작업 전반 수행
2. J사 / 2016.12~2018.05 (18개월) / 판매팀 / 재고정리, 판매홍보 / 백화점 탈모제품 판매
3. 한국문화연구센터 / 2016.08~2018.05 (22개월) / 고객응대, 자재관리 / 문화재청 행사 보조진행

수정 TIP

- 직무 연관성이 많은 경력은 반드시 강조
- 3가지 아르바이트가 직무 연관성은 적지만 6개월 이상 지속했다는 사실이 중요
- 6개월, 18개월, 22개월 등 근무기간을 강조하여 정리

④ 대내외 활동(활동상세설명 100자 이내)

대내외활동

1. 동아리 / 독토회 / 독서 후 토론 동아리 활동
2. 동아리 / SHE / 전공 임베디드 개발 동아리–16bit 프로그램 설계
3. 동아리 / SSD / 창업 동아리–회로설계, DC모터 제어, 16bit 프로그램 설계, 시장조사
4. 동아리 / 취업연구소 / 취업동아리–탐색, 취업준비
5. 커뮤니티 / 멘토링사업 /1학년 학생 지원역할
6. 커뮤니티 / 학부학생회 / 부학회장, 전공대표
7. 커뮤니티 / 총학생회 / 소통국장–6000명 민원처리
8. 커뮤니티 / 2017 서울창업페스티벌 / 전시회 참가
9. 연수사항 / NCS 반도체 종합 / 반도체 8대 공정, 반도체 트렌드, 반도체 소자, 회로
   지식 학습
10. 연수사항 / NCS 반도체 포토공정 학습
11. 연수사항 / NCS 반도체 에칭공정 학습
12. 커뮤니티 / DB대우전자 글로벌경진대회 / 아이디어 경진대회 정수세탁기 출품

초안 미흡점
많은 활동을 의미 없이 나열. 부정적인 활동도 포함

대내외활동

1. 연수사항 / NCS 반도체 종합 / 8대 공정(전공정 + 후공정), 포토공정 및 에칭공정
   학습
2. 동아리 / SHE / 전공 임베디드 개발 - 16bit 프로그램 설계
3. 동아리 / SSD / 창업 동아리 - 회로설계, DC모터 제어, 16bit 프로그램 설계, 시장조사
4. 동아리 / 독토회 / 독서 후 토론 동아리 활동
5. 재능기부 / 멘토링사업 / 1학년 학생 지원 역할
6. 커뮤니티 / 교내학생회 / 과 대표, 학부 부학회장 / 소통, 행사 기획, 자금관리
7. 커뮤니티 / 2017 서울창업페스티벌 / 전공지식을 활용한 아이템으로 전시회 참가,
   중소벤처기업청 200만원 지원
8. 커뮤니티 / DB대우전자 글로벌경진대회 / 아이디어 경진대회 정수세탁기 출품

수정 TIP

- 직무역량을 어필할 수 있는 활동을 먼저 강조
- 4가지 활동구분 가운데 ① 각종 연수사항, ② 스포츠활동, ③ 동아리, ④ 커뮤니티/

블로그 활동 순으로 정리: 이 중 연수사항은 자소서 스토리로 연결
- 부정적인 활동은 제외: 취업동아리, 총학생회 소통국장 등

⑤ 직무관련 자격/면허

> **수정 전**
>
> **자격/면허**
>
> 1. 운전면허증
> 2. ITQ 파워포인트
>
> **초안 미흡점**
>
> 없음
>
> **수정 TIP**
>
> - Pluses에 해당 되는 자격은 반드시 강조. 자소서 스토리로 연결
> - 기타 직무 연관성이 있는 자격도 어필

⑥ 직무관련 수상경력(수상내용 상세설명 100자 이내)

> **수정 전**
>
> **수상경력**
>
> 1. 교내 전공경진대회 / 우리대학교 / 대상 / 블루투스 셀카 거치대로 참가. 회로설계 및 모터제어 담당
> 2. 교내 창업경진대회 / 우리대학교 / 대상 / 블루투스 셀카 거치대로 참가. 아이템 구현 및 PT 발표
> 3. 중소벤처기업청 지원동아리 / 중소벤처기업청 / 블루투스 셀카 거치대로 참가. 200만원 지원
> 4. 모범장학생 / 우리대학교 / 각 전공별 1인 선발 후 장학금 지급
> 5. 전공 스터디 발표회 / 우리대학교 / 우수상 / LED 달력 설계 후 PT 발표
>
> **초안 미흡점**
>
> 동일 주제를 3번 반복 (1~3)

수상경력

1. 중소벤처기업청 지원동아리 / 중소벤처기업청 / 블루투스 셀카 거치대로 참가, 200
   만원 지원
2. 전공 스터디 발표회 / 우리대학교 / 우수상 / LED 달력 설계 후 PT 발표
3. 모범장학생 / 우리대학교 / 각 전공별 1인 선발 후 장학금 지급

수정 TIP

• 블루투스 셀카 거치대는 하나로 종합하여 강조 → 자소서 스토리로 연결
• 장학금을 받은 내용도 어필 가능

⑦ 취미/특기

취미/특기

등산 / 기구류 조립

초안 미흡점

너무 간단한 표현, 면접위원 관점에서 흥미가 생기지 않음

취미/특기

등산(동호회 활동 4년, 월 2회 등반, 설악산) / PC 조립

수정 TIP

• 품성/가치관 어필, 스트레스 해소용으로 활용
• 활동적인(Active) 것 + 비활동적인(Inactive) 것의 조합이 좋음
• 면접위원의 질문을 유도하려면 구체적인 설명이 필요

⑧ 존경인물 및 존경이유(40자 이내)

수정 전

존경인물/존경이유

펩 과르디올라
환경에 구애 받지 않고, 자신의 전문성에 변화하는 트렌드를 녹여 오랜 시간 최고의
자리를 지켜내는 사람이라 존경합니다.

초안 미흡점

펩을 모르는 면접위원도 있음. 존경이유가 평이

수정 후

존경인물/존경이유

펩 과르디올라(EPL 맨체스터시티 감독)
환경에 구애 받지 않고, 자원을 100% 활용하여 자신의 전문성에 변화하는 트렌드를
녹여 오랜 시간 최고의 자리를 지켜내는 사람

수정 TIP

• 존경 이유가 차별화되지 않으면 면접위원이 질문할 가능성은 없음
• 존경이유가 중요: 자신의 가치관/인생관에 영향을 준 인물

03

자소서 작성법

최근 대기업의 자소서는 경험을 중요시하고 있다. 자소서의 주제는 물론 작성 가이드에서 경험을 구체적으로 작성하라고 요구하는 기업이 많다. 인사팀과 면접위원은 지원자의 경험을 통해서 미래의 성장 가능성을 검증한다.

STAR 기법보다 먼저 필요한 것이 KKK 작성구조이다. 자소서 스토리를 1K(결론) - 2K(근거) - 3K(강조) 순서로 작성하는 방법이다. 면접위원들이 선호하는 보고서 작성방법을 참고해 필자가 구조화한 비법이다.

CHAPTER

04

독종 자소서 작성법

✓ 자소서 잘못 쓴 C지원자: 자소서에 설득력이 없다

자소서는 취준생들에게 고민과 시간을 많이 요구하는 나쁜 녀석이다. 주제에 저합한 나만의 소재가 무엇일까? 어떻게 작성해야 합격할 수 있을까? 라는 고민만 하면서 시간을 허비하는 경우가 많기 때문이다.

여러 곳에 묻지마 지원을 하는 지원자의 경우, 자소서에 대해 별다른 고민을 하지 않기도 한다. 또는 적성검사와 면접 준비만 중요하다고 생각해서 자소서에 시간을 투입하지 않고 복사–붙여넣기를 하는 친구들도 있다. 하지만 잘못 쓴 자소서는 서류전형뿐만 아니라 면접전형까지 영향을 미치기 때문에 충분한 시간을 가지고 작성해야 한다.

설득력 없는 자소서 Case

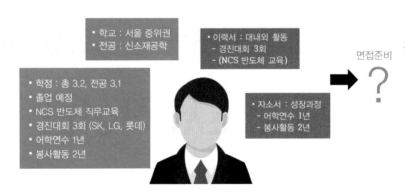

[자소서 잘못 쓴 C지원자]

잘못 쓴 자소서가 취업실패의 결정적 영향을 미친 경우(Worst Case)를 통해 구체적으로 설명해 보자.

반도체 업체에 지원하려는 C지원자의 스펙을 보자. 가장 큰 약점은 낮은 학점이다. 그러나 C지원자의 이력서와 자소서에서 낮은 학점을 보완할 만한 다른 활동을 찾기가 쉽지 않다. 이력서의 대내외활동에 경진대회 3회 수상 건은 적었지만 NCS 반도체 교육과정은 적지 않았고, 자소서에 NCS 반도체 교육과정, 경진대회 수상 내용을 작성하지 않은 점이 아쉽다.

특히 자소서의 성장과정에 어학연수와 봉사활동만을 자소서의 메인 스토리로 작성해 회사를 설득하지 못했다. 낮은 학점에 대한 설득을 하지 못한 것이 필자가 분석한 탈락원인이다.

자소서는 단순하게 '나'를 소개하는 자료가 아니다. 회사와 면접위원을 '설득'하는 자료가 되어야 한다. 그런 의미에서 C지원자의 자소서는 잘못 쓴 것이다. 서류전형이든 면접전형이든 낮은 학점이 치명적인 약점인데, 그에 대한 설득 포인트를 잘못 잡았다는 의미이다.

서류전형: 낮은 학점 극복내용이 없으면 통과하기 어렵다

현실적으로 판단하면 C지원자는 서류통과를 장담하기 어렵다. 총학점이 낮은데다 전공학점은 더 낮기 때문이다. 그나마 이를 극복할 수 있는 방법은 두 가지가 있다. 이력서와 자소서를 통해 반도체에 대한 직무역량을 어필하는 것이다.

- 이력서의 대내외활동에 반도체와 관련해 공부한 내용이나 경험을 간결하게 제시해야 한다. 경진대회 3회 수상보다 중요한 것이 NCS 반도체 교육과정이다. 최근 대부분의 대기업이 대학교 이외의 연수사항도 인정해주고 있다.
- 자소서의 성장과정에도 NCS 반도체 교육과정, 경진대회 수상 내용을 스토리로 작성하는 것이 좋다. 이를 통해 습득한 반도체 관련 직무역량을 구체적으로 어필해야 한다. 어학연수와 봉사활동은 회사 관점에서 그다지 중요하지 않다. 직무역량과의 연관성도 없고, 낮은 학점을 설득하기도 어렵기 때문이다.

면접전형: 직무역량 설득 없이 합격하기 힘들다

C지원자의 자소서를 처음 읽어본 다음, 필자는 두 가지 질문을 던졌다.

- ⊙ "면접에서 낮은 학점에 대한 질문을 받았을 때 어떻게 답변하실 건가요?"
- ⊙ "자소서에 작성한 어학연수, 봉사활동에 대한 내용으로 면접위원을 설득할 수 있다고 생각하나요?"

면접에서 인성 항목 못지않게 중요한 것이 직무역량이다. 최근 대기업 면접에서 의미 있는 변화가 일어나고 있다. 바로 직무역량(JD 적합도)에 대한 검증을 이전보다 더 중요하게 생각한다는 점이다. 이러한 변화를 반영해 답변을 구상한다면 C지원자는 어떻게 스토리를 이어가야 할까? 낮은 학점을 보완하기 위해 어떤 직무역량을 강조해야 할지 다음 답변 구상과정을 비교해 보자.

① 어학연수나 봉사활동으로 설득하기 어렵다. 연수나 봉사 스토리를 꺼내는 순간 부정적인 꼬리질문으로 연결될 것이고, 지원자는 멘탈이 탈탈 털리게 되면서 면접 탈락이란 결과를 받을 것이다.

② C지원자의 스펙 가운데 NCS 반도체 교육과 경진대회 내용으로 설득하는 것이 좋다. 2가지를 통해 반도체 관련 지식과 경험을 구체적으로 어필해야 한다. 그래야 낮은 학점과 직무역량에 대한 면접위원의 우려를 불식시킬 수 있다.

결론적으로 C지원자는 ②와 같은 과정을 거쳐 합격하는 방향으로 준비해야 한다. 이처럼 면접을 준비할 때, 가장 중요한 자료가 바로 자소서와 이력서이다. 면접위원은 자소서와 이력서 내용을 참고해서 질문거리를 찾아낸다.

3사 자소서의 차이점과 공통점: 3대 주제 작성법

　자소서의 주제를 '시점'으로 분석해 본적이 있는가? 가장 일반적인 3대 주제는 지원동기, 경험, 포부를 말한다. 지원동기는 현재, 경험은 과거, 포부는 미래의 지원자를 검증하기 위한 주제이다. 이 가운데 면접위원인 임원들이 믿는 것은 과거의 경험뿐이다. 지원동기와 포부는 누구나 뻔지르르한 말로 포장할 수 있기 때문이다. 회사가 이전에는 지원동기와 포부를 중시했지만, 최근에는 경험을 더 중요시하고 있다.

3사 자소서 주제: 차이점과 공통점은?

　대학생들이 가장 많이 지원하는 3사-삼성전자, SK하이닉스, LG화학-사례를 살펴보자. 3사의 자소서 주제에는 차이점과 공통점이 있다. (2020년 하반기 주제 참고)

[3사 자소서 주제]

먼저, 3사 자소서의 차이점을 알아보자.

① 삼성전자: 자소서 주제에 맥락이 있다. [▶ p.116 자소서로 연결]
- 성장과정 → 직무역량 → 회사 선택이유/꿈의 맥락으로 스토리를 정하고 작성하면 좋다.
- 글자 수가 주제별로 나르다. 성장과정은 1500자를 쓸 수 있다.

② SK하이닉스: 4가지 주제 모두 경험만 요구한다. [▶ p.166 자소서로 연결]
- 주제 간에 특별한 맥락이 없고, 주제별로 6~8개의 세부주제가 있다.
- 주제에 적합한 경험 스토리를 선택하여 작성하는 것이 중요하다.

③ LG화학: 주제가 간단하고 글자 수가 가장 적다. [▶ p.194 자소서로 연결]
- 품성이나 가치관을 중시하는 주제가 핵심이다.
- 주제-1은 700자, 주제-2와 3은 500자에 불과하니 간결하게 써야 한다.

다음, 공통점은 두 가지로 정리할 수 있다.

① 직무역량을 구체적으로 서술하라고 요구한다.
- 삼성전자 : [주제-4] 직무 관련 전문지식/경험, 본인이 적합한 사유를 서술
- SK하이닉스 : [주제-3] 직무 전문성을 키우려고 꾸준히 노력한 경험을 서술
- LG화학 : [주제-1] 직무를 위해 어떤 준비를 해왔는지 소개

② 회사별 특성에 맞게 각각 중시하는 주제도 있다.
- 삼성전자 : [주제-2] 성장과정 - 현재의 자신에게 가장 큰 영향을 끼친 사건/인물을 서술 → 삼성의 핵심가치 가운데 임원들이 중시하는 가치가 인재제일/최고지향이라는 점과 연결시켜 생각하자.
- SK하이닉스 : [주제-1] 최고 수준의 목표를 세우고 끈질기게 성취한 경험을 서술 → SK가 추구하는 SUPEX를 실현하기 위해 신입사원에게 '일과 싸워서 이기는 패기'를 요구한다.

◉ LG화학 : [주제-2] 본인의 특성 및 성격(장점/보완점)을 자유롭게 기술 → 인성 검사를 중시하는 LG의 채용 특성과 연결시켜 생각하고 작성하면 좋다.

3대 주제 작성법: 경험으로 성장 가능성을 설득하자

　회사는 과거의 경험만 믿는다. 지원자의 경험을 통해 '성장 가능성'을 검증하고 싶어 한다. 지원자의 경험만이 개인의 노력과 성과를 명확하게 증명하는 자료이기 때문이다. 결국 지원동기와 포부도 경험이 뒷받침되어야 힘을 발휘할 수 있다. 따라서 성장 가능성(경험)을 중심으로 3대 주제의 작성법을 제시하겠다.

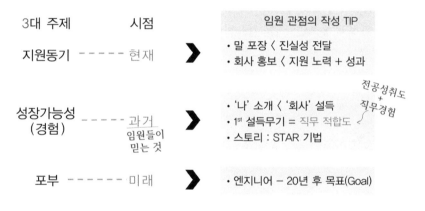

[자소서, 어떻게 작성할까?]

① 지원동기: 말로 포장하지 말고 진실성을 전달하자.

　◉ 회사에 대한 홍보기사나 찬양가를 적는 것보다 회사를 지원하기 위해 노력해온 성과를 어필하는 것이 좋다.

② 성장가능성(경험): '나'를 소개하는 것보다 '회사/면접위원'을 설득하겠다는 관점이 중요하다.

- 가장 강력한 설득무기는 JD 적합도이다. 전공수업과 학점으로 전공지식을 어필하고, 관련 프로젝트나 Tool을 통해 직무경험을 설득해야 한다.
- 특히 경험 스토리는 'STAR 기법'으로 작성하는 것이 좋다. 자신의 키워드를 면접위원에게 쉽게 어필할 수 있다.

③ 포부: 엔지니어로서 20년 후의 목표를 제시하자.

- 막연히 최고의 엔지니어가 되겠다고 공수표를 날리지 말자. 지원 직무의 내용을 참고하여 20년 후에 특정한 기술이나 업무에서 최고 엔지니어가 되겠다는 구체적인 목표를 전달하자.

이처럼 3사의 자소서를 소개한 또 다른 이유가 있다. 3사의 자소서를 기본으로 완성해 놓으면, 이를 활용하여 다른 회사의 자소서도 대부분 수월하게 작성할 수 있다.

KKK + STAR: 설득력 최강의 자소서 작성구조

최근 대기업의 자소서는 경험을 중요시하고 있다. 자소서의 주제는 물론 작성 가이드에서 경험을 구체적으로 작성하라고 요구하는 기업이 많다. 인사팀과 면접위원은 지원자의 경험을 통해서 미래의 성장 가능성을 검증한다.

삼성전자, SK하이닉스, LG화학 – 3사의 자소서 주제를 보더라도 경험을 요구하는 주제가 대부분이다.

PART

3

자소서 작성법

- ○ 삼성전자: 4가지 주제 가운데 2가지 주제 ▶ 성장과정, 전문지식/경험
- ○ SK하이닉스: 4가지 주제 모두 ▶ 도전, 창의성, 직무 전문성, 팀워크
- ○ LG화학: 3가지 주제 가운데 2가지 주제 ▶ 직무 준비, 특성/성격

이러한 경험 스토리는 'STAR 기법'을 활용해 체계적으로 작성하는 것이 좋다. 이제 STAR 기법과 KKK 작성구조에 대해 자세하게 살펴보도록 하겠다.

KKK: 면접위원이 선호하는 작성구조

STAR 기법보다 먼저 필요한 것이 KKK 작성구조이다. 자소서 스토리를 1K(결론) – 2K(근거) – 3K(강조) 순서로 작성하는 방법이다. 면접위원들이 선호하는 보고서 작성방법을 참고해 필자가 구조화한 비법이다.

- ○ 1K : '결론' 먼저, 명확하게 1문장으로 제시
- ○ 2K : 결론의 '근거(경험)'를 구체적으로 설명 ▶ STAR 기법을 활용
- ○ 3K : 성장 가능성을 '강조'하면서 마무리

KKK 작성구조의 장점을 자세히 설명하면 다음과 같다.

① 회사에서 선호하는 보고서 작성방법

앞서 누누이 말했듯 자소서는 '나'를 소개하는 것보다는 '회사'를 설득하는 관점에서 작성해야 한다. 그렇다면 자소서의 구조 역시 회사에서 선호하는 보고서 작성방법을 따르는 것이 좋다.

② 가독성이 뛰어난 두괄식 구조

KKK 작성구조는 두괄식(1K)으로 말하고자 하는 바를 어필할 수 있으며, 이를 뒷받침하는 근거(2K)나 강조하고 싶은 내용(3K)을 통해 하나의 일관된 스토리로 내용을 구성할 수 있다. 보고서 읽기에 누구보다 익숙한 면접위원들이 좀 더 명확하게 자소서의 메인 스토리를 파악할 수 있도록 구조도 전략적으로 짜야 한다는 것이다.

2K(근거)를 STAR로 만들자

KKK 가운데 경험의 증거이자 가장 많은 분량을 차지하는 내용이 2K의 근거이다. 그래서 2K를 스타(STAR)로 만들어 빛이 나도록 작성하는 노력이 필요하다.

[STAR 기법]

STAR 기법이란 경험을 구체적으로 표현하는 글쓰기 구조이다. Situation(상황) – Task(과제) – Action(행동) – Result(결과) 순서로 작성하는 방법이다. 어떠한 상황(S)에서 과제(T)가 있었는데, 적극적인 행동(A)을 취함으로써 원하는 결과(R)를 얻었다는 스토리로 이해하면 된다.

- S: 주어진 상황, 달성목표 ▶ 위기상황을 극대화하여 표현
- T: 해결해야 하는 과제 ▶ 극복 방법 혹은 나의 역할
- A: 실행으로 옮긴 행동 ▶ 도전적인 실행력을 구체적으로 강조
- R: 행동의 결과 ▶ 성과 및 배운 점을 수치화하여 어필

STAR 기법의 두 가지 장점을 지원자와 면접위원 관점에서 알아보자.

- 지원자 관점: 간결하면서 논리적인 스토리 작성이 가능하며, 면접에서도 설득력 있는 답변을 할 수 있다.
- 면접위원 관점: 꼬리질문으로 확인하고 싶은 내용이 STAR에 포함되어 있다. 구체적으로 잘 썼다고 생각하여 지원자에 대한 신뢰도가 높아진다.

S합격자의 자소서 Case

실제 자소서 사례를 가지고 이해도를 높여보자. 면접위원은 소제목과 1K만 읽고도 전체 내용을 이해할 수 있다. 더 관심이 생기면 구체적인 행동(2K–A)을 읽어보고, 긍정적인 관점에서 꼬리질문을 던질 것이다.

소제목

반도체에 대한 열정/도전 – K대학원 입학 실현

[1K]

K대학원 입학 경험을 통해 자신감으로 도전하면 '할 수 있다'는 교훈을 얻었습니다.

[2K-S]

저는 대학 졸업을 1년 반 앞두고 대학원 진학과 반도체 전공으로 진로를 정했습니다. 그러나 부족한 학점과 반도체 과목에 대한 이해도가 걸림돌이 되었습니다. 매우 난감했습니다. 하루 이틀에 극복하기 어려운 일이기 때문입니다.

[2K-T]

먼저 K대학원 출신 교수께 조언을 구했습니다. 교수께서는 반도체 과목을 많이 들어 학점을 잘 받고, 면접 준비를 단계적으로 하라는 조언을 주셨습니다.

[2K-A]

저는 부족한 점을 채우기 위해 반도체소자, 집적회로 등 반도체 수업을 열심히 수강하였고, 반도체 역량을 쌓았습니다. 반도체공정설계 같은 심화과정은 어려운 내용이었지만, 열정을 갖고 몰두하다 보니 흥미가 생겼습니다. 조금씩 발전하는 저의 모습을 발견할 수 있었습니다. 반도체 과목에서 3.8이란 좋은 학점을 받은 것이 그 결실입니다. 동시에 면접 준비를 위해 반도체 도서를 정독하고, 영어신문 기사를 읽는 등 단계적으로 노력했습니다.

[2K-R]

이러한 노력의 결과, K대학원에 입학하는 성과를 거두었습니다. 불가능할 것이라 여겼던 목표였기에 그 행복감은 이루 말할 수 없었습니다.

[3K]

저는 '노력하면 안 되는 것이 없다'라는 교훈을 얻었습니다. 그 교훈을 S사에서도 실행하고 싶습니다.

'단소수' 글쓰기 : 자소서는 소설쓰기가 아니다

KKK + STAR 작성구조에 이어 실제적인 글쓰기 방법까지 구체화시켜 보자. KKK + STAR 구조를 이해했다고 해도 이를 글로 표현하는 것은 다른 문제다.

자소서 작성을 집을 짓는 것에 비유해보자. 'KKK + STAR'라는 뼈대를 잘 세운 것만으로 집이 완성되지는 않는다. 방을 꾸미고 거실도 디자인하고 부엌도 만들어야 한다. 집 안을 디자인하고 채우는 것처럼 자소서 내용을 채우는 작업이 글쓰기이다. 자소서 글쓰기는 '단소수'로 마무리하자.

'단소수' 글쓰기로 KKK + STAR를 완성하자

[단소수 글쓰기]

단소수는 단문 + 소제목 + 숫자를 의미한다.

● 단 : 각 문장은 단문으로 작성하자.

　－ 문장을 작성할 때, 장문으로 쓰기보다 단문으로 간결하게 쓰는 것이 좋다.

- 소 : 하나의 스토리는 소제목으로 요약하자.
  - 스토리(주제)를 작성하고 나면, 소제목으로 가독성을 높이는 것이 좋다.
  - 면접위원이 소제목만 읽어도 키워드(의미) 전달이 되어야 한다.
- 수 : 숫자를 활용하여 자신의 노력과 성과를 어필하자.
  - 숫자를 활용하면 스토리의 구체성과 신뢰성을 전달할 수 있다.

단문 활용 Case

초안

직업이라는 것은 단순히 먹고 살기 위해, 또는 돈을 벌기 위한 것이 아니라고 생각합니다. 생활의 유지와 금전적인 보상뿐만 아니라 자아실현의 장으로써 나 자신의 가치를 높이고 실력적으로 발전하고 인격적인 완성을 이룰 수 있는 인간에게 있어 가장 중요한 것이 바로 직업이 아닐까 하는 생각을 합니다. 그런 만큼 저만의 주관적인 기준을 가지고 신중하게 정해야 하는 것이 필수적입니다.

수정

회사를 선택한다는 것은 단순히 돈을 벌기 위한 수단이 아닙니다. 회사의 성장 속에서 나 자신의 가치를 높이고 자아실현의 장이 되어야 합니다.

소제목 활용 Case

초안 1

저를 움직이게 하는 것은 열정과 도전입니다. 다음 두 가지 경험을 소개하겠습니다. …

수정 1

열정과 도전
새로움에 대한 열정과 도전이야말로 저를 움직이는 힘입니다. 2가지 경험을 소개하겠습니다. …

초안 2

공정기술 엔지니어는 전체 반도체 공정에서 담당 공정을 안전하게 관리하고 분석하여 안정적인 수율 유지를 통해 완벽한 제품을 만들어냅니다. 8대 공정이 톱니바퀴처럼 원활하게 가동되기 위해서는 엔지니어는 각 공정을 이해한 8방 미인이 되어야 합니다. 또한 수율을 안정적으로 유지하기 위해서 문제 이슈가 발생 시 빠르게 해결하여 회사의 이익을 만들고 손실을 줄 이는 것이 가장 중요한 업무입니다.

수정 2

Defect 규명/개선 – 최상의 솔루션 제공

공정기술 엔지니어는 Defect(불량)의 발생 원인을 규명하고, 근원적인 개선활동에 필요한 최상의 솔루션을 제공합니다. 저는 그 역할을 수행하기 위해 1) 8대 공정 전반에 대한 이해, 2) 현장의 이슈를 분석/해결할 수 있는 역량을 경험했습니다.

숫자 활용 Case

초안 1

친화력이 뛰어나고 사교성이 좋은 것이 저의 장점입니다. 몇 가지 근거로 설명드릴 수 있습니다. 첫째, 카톡 친구가 많습니다. … 둘째, 언제라도 연락하면 달려올 친구가 많습니다. … 셋째, 팀 프로젝트를 할 때 팀원들이 리더로 추천하는 경우가 많았습니다. …

수정 1

저는 카톡 친구가 500명입니다. 이는 저의 인간관계를 잘 보여주는 근거라고 생각합니다. 친구들이 인정하는 저의 장점은 친화력입니다. … 언제라도 연락하면 달려올 친구가 10명 이상입니다. 3번의 팀 프로젝트에서도 팀원들이 저를 리더로 추천했습니다. …

초안 2

강남역 편의점에서 아르바이트를 할 때, 새로운 아이디어를 제안하여 고객으로부터 좋은 반응을 이끌어냈습니다. 대학생들이 선호하는 간편식을 중심으로 진열방법을 개선한 것입니다. 그 결과로 점장께 칭찬을 받고 보너스도 받았습니다.

수정 2

강남역 편의점에서 아르바이트를 할 때, 새로운 아이디어를 제안하여 고객 만족도를 25% 향상시켰습니다. 대학생들이 선호하는 간편식을 중심으로 진열방법을 개선하여 간편식 매출을 20% 증가시켰습니다. 그 결과로 점장께 칭찬을 받고 보너스 10만원도 받았습니다.

도대체 어떤 경험을 도출해내야 할까? 당연히 회사에서 지원자를 신입사원으로 채용하기 위해 요구하는 사항들과 관련된 경험을 뽑아내야 한다. 자신의 경험을 회사의 입장에서 종합적으로 정리한 것이 있다면? 이 같은 고민의 결과 '삼성 이력서 항목에서' 그 해답을 찾았다. 이력서에는 회사가 원하는 여러분의 과거 경험이 집약되어 있기 때문이다.

자소서 소재 발굴방법

자소서 소재의 해답은 '이력서 항목'

자소서를 작성하려고 책상에 앉은 지원자들의 가장 큰 고민이 바로 자소서에 쓸 소재를 찾는 일이다. 어떤 소재를 스토리로 작성해야 회사를 설득할 수 있을까?

- ○ 별다른 경험이 없는데 어떤 스토리를 가져와야 하나?
- ○ 전공수업에서 배운 내용을 써야 하나?
- ○ 전공수업 프로젝트 경험으로 면접위원을 설득할 수 있을까?

자소서 소재 = 과거의 경험이 핵심

여러분의 입장이 아니라 회사의 관점에서 자소서 소재를 찾는 방법이 있을까? 필자도 오랫동안 고민하고 있는 내용이다.

자소서는 회사의 인재상을 근거로 지원자들에게 경험(과거) – 지원동기(현재) – 미래(포부)를 요구하고 있다. 이 가운데 과거의 경험이 핵심이다. 지원동기나 포부도 경험이 뒷받침되지 않으면 말 포장에 불과하다. 그래서 자소서 소재를 찾으려면 자신의 경험을 정리하는 것에서부터 시작해야 한다.

그렇다면 도대체 어떤 경험을 도출해내야 할까? 당연히 회사에서 지원자를 신입사원으로 채용하기 위해 요구하는 사항들과 관련된 경험을 뽑아내야 한다. 자신의 경험을 회사의 입장에서 종합적으로 정리한 것이 있다면? 이 같은 고민의 결과 '삼성 이력서 항목'에서 그 해답을 찾았다. 이력서에는 회사가 원하는 여러분의 과거 경험이 집약되어 있기 때문이다. [◀ p.63 이력서에서 연결]

◎ 이력서(입사지원서)는 회사가 궁금해 하는 항목들로 구성되어 있다. 모든 항목은 과거의 경험을 요구하고 있다.

◎ 과거의 시점에서 현재의 자신, 즉 회사를 지원할 수 있게 만들어준 중요한 경험을 요구하고 있다. 그런 관점에서 이력서 항목에서 자소서 소재를 도출하는 것이 최선의 방법이다.

Chapter 3에서 설명한 K지원자의 이력서 Case를 보자. 이력서 내용 가운데 자소서 스토리로 연결된 내용은 다음과 같다. 3가지 내용이 연결되어 있다.

◎ 학력사항의 학업과정 중 특기사항
  – 1) 3회 프로젝트 수행 (LED 달력 프로젝트, 밸런싱 로봇 프로젝트, 블루투스 셀카 프로젝트) → 회로 설계 경험, 나만의 TR 노트 작성
  – 2) NCS 반도체 교육 → 8대 공정, 트렌드 이해
◎ 대내외 활동의 연수사항
  – NCS 반도체 종합 / 8대 공정(전공정 + 후공정), 포토공정 및 에칭공정 학습
◎ 수상경력의 경진대회
  – 블루투스 셀카 거치대로 참가, 회로설계 및 모터제어 담당

이력서 항목에서 자소서 소재를 찾자

[자소서 소재 = 이력서 항목]

여러 회사의 이력서 가운데 삼성전자 이력서를 모델로 추천한다. 이력서 항목이 가장 많고 다양한 내용을 요구하고 있다. 그래서 삼성전자 이력서를 작성해놓으면 거의 모든 회사의 이력서를 커버할 수 있다.

나아가 그 이력서 항목에서 자소서 소재를 찾을 수 있다. 일례로 이력서 항목이 자소서 스토리로 연결되는 부분은 다음과 같다.

- 학력사항 : 동기+포부, 성장과정, 직무역량의 소재로 활용 가능
- 직무관련 경력 : 성장과정, 직무역량의 소재로 활용 가능
- 대내외 활동 : 성장과정, 직무역량의 소재로 활용 가능
- 자격 및 수상 : 성장과정, 직무역량의 소재로 활용 가능
- 존경인물, 취미/특기 : 성장과정의 소재로 활용 가능

이제 자소서 소재를 발굴하는 실제적인 방법을 살펴보자. 다음과 같이 3Step으로 발굴하는 방법이다. Chapter 2에서 설명한 이자면 관통하기 관점에서 이해하면 좋겠다.

[자소서 소재찾기 3Step ▶ 이자면 관통하기]

① 이력서 경험 정리

- 이력서 항목별로 내용을 작성하면서 과거의 경험을 정리한다.

② 자소서 후보소재 선정

- 이력서 내용 가운데 자소서 주제에 적합한 후보소재를 발굴한다.

③ JD 적합도로 Best 소재 확정

- 자소서 후보소재 가운데 JD 내용에 적합한 Best 소재를 확정한다.

1Step - 이력서 경험 정리

이제 실제 이력서 내용을 작성하면서 경험을 정리하는 방법을 살펴보자. 삼성전자 이력서 양식을 참고하여 설명한다. Chapter 3와 일부 내용이 중복되는 만큼 이를 참조하여 작성하자.

[이력서 양식: 삼성전자 Case]

	항목	세부항목	입력내용
	기본 인적사항	인적사항	
		연락처	
1) 학력사항	학력 사항	최종학력	• 학력(취득예정 포함) • 학업과정 중 특기사항(역량개발에 도움된 활동/경험)
	이수 교과목	세부입력	과정/전공명/전공구분(과목유형)
		공학인증	ABEEK 이수여부
2) 경력사항	경력 사항	병역사항	병역구분/제대계급/병역기간/주요활동사항
		직무관련 경력	근무처/근무기간/경력상세설명(수행업무내용, 본인역할/기여도)
		대내외 활동	활동구분(동아리, 스포츠활동, 커뮤니티/블로그 활동, 각종 연수사항)/활동상세설명
3) 자격/수상	외국어/ 기타	영어회화 필수자격	[OPIc/TOEIC-Speaking 기준] 자격종류/어학등급
		기타 영어자격	자격종류/어학등급/취득점수
		중국어자격	자격종류/어학등급/취득점수
		기타 외국어자격	자격종류/어학등급/취득점수
		한자자격	자격종류/자격등급
	자격/ 수상	직무관련 자격/면허	자격종류/자격등급
		직무관련 수상경력	수상내용/시상단체/상세설명
4) 존경인물	Essay	취미/특기	
		존경인물/존경이유	

① 학력사항 Case

세부항목	이력서: 입력내용	자소서: 소재 후보

최종학력	• 학업과정 중 특기사항
	(역량개발에 도움이 된
	활동/경험: 100자)
	▶
		• 대학교: 직무관련 학습 + 활동/경험 → JD
		  참조
		  – 관련 경험: 프로젝트, 논문, 특허, 경진
		    대회 등
		  – 관련 Tool: 직무 Tool, 프로그래밍 언
		    어, 자격증 등

	• 1학년-1 ▶ • 1학년-2 ▶	
	• 2학년-1 ▶ • 2학년-2 ▶	
	• 3학년-1 ▶ • 3학년-2 ▶	
	• 4학년-1 ▶ • 4학년-2 ▶	
	• 석사과정 ▶	

학력사항은 자소서 소재의 핵심이다. JD의 Recommended Subject, Pluses에 해당하는 것들이 학력사항에서 도출되기 때문이다. 직무관련 학습/경험을 각 학년의 학기별로 구체적으로 정리하면 된다.

○ Recommended Subject: 추천과목 이수여부, 학점
○ Pluses: 경험, Tool
   – 직무관련 경험: 프로젝트, 논문, 특허, 경진대회 등
   – 직무관련 Tool: 직무 Tool, 프로그래밍 언어, 자격증 등

② 경력사항 Case

세부항목	이력서: 입력내용	자소서: 소재 후보
병역사항	• 병역사항 • 주요활동사항 (100자) ▶	• 다음 출신은 참고: 장교, 해병대, 특전사 등 ▶
직무관련 경력	• 근무처/근무기간 등 • 수행업무/본인역할 (100자) ▶	• 식부관련 1순위 + 비관련 2순위: 경력, 아르바이트 – 직무 관련성이 적어도 기재: 직무보다 인성 측면 강조 ▶
대내외 활동	• 활동구분 • 활동상세설명 (100자) ▶	• Main: 동아리, 스포츠, 커뮤니티/블로그, 각종 연수사항 • Sub: 교환학생, 해외연수, 봉사활동 등 ▶

　　경력사항은 대학생활 중 전공수업 외에 다른 특별한 활동을 한 경험을 적는 부분이다. 아르바이트나 동아리 활동이 대표적이다. 다양한 사람들과 함께 업무를 해야 하는 곳이 회사이므로 활동적이고 친화력이 좋다는 것을 강조할 수 있는 경험을 찾아보는 것이 좋다.

◉ 경력사항은 크게 두 가지로 나누어서 정리하면 된다.

　– 직무관련 경력: 활동/경험, 아르바이트

　– 대내외 활동: 동아리, 스포츠 활동, 각종 연수사항 등

◉ 이 과정에서 지나치게 직무 관련성에 얽매이지 않는 것이 좋다. 직무 관련성이 적으면 직무역량보다 인성 측면을 강조하면 된다.

③ 자격 및 수상 Case

세부항목	이력서: 입력내용	자소서: 소재 후보
영어필수	[OPIc/TOSS 기준]	
기타영어	자격종류/어학등급 등	
중국어	자격종류/어학등급 등	
기타 외국어	자격종류/어학등급 등	
한자	자격종류/어학등급 등	
직무관련 자격/면허	• 자격종류/자격등급 등 ▶	• 직무관련 자격증/수료증 → JD 참조 – 기사, 관련 Tool, 프로그래밍 언어 등 ▶
직무관련 수상경력	• 수상내용/시상단체 등 • 상세설명 (100자) ▶	• 직무관련 수상경력 → JD 참조 – 논문, 특허, 경진대회(참가 포함), 장학금 등 ▶

직무관련 자격증 혹은 수상경력이 있다면 자소서의 소재로 활용할 수 있다.

- ◯ 직무관련 자격: 기사 자격, 관련 Tool 수료, 프로그래밍 언어 등
- ◯ 직무관련 수상경력: 논문, 특허, 경진대회, 장학금 등
  - – 경진대회의 경우 수상 실적이 없더라도 참가한 사실만으로 어필할 수 있다.
  - – 장학금도 학점이 좋아서 받은 성적 장학금은 기재해도 된다.

④ 존경인물 Case

세부항목	자소서: 소재 후보
취미/특기	• 품성/가치관: 긍정적이고 적극적인 성격 어필 ▶
존경인물 존경이유	• 가치관/인생관: 현재의 자신에게 가장 큰 영향을 준 사람 ▶

취미/특기, 존경인물도 성장과정의 스토리로 활용할 수 있다.

- ◎ 취미/특기: 액티브한 활동을 통해 적극적이고 적극적인 성격을 어필
- ◎ 존경인물: 존경인물로부터의 가르침을 통해 가치관/인생관을 어필

⑤ 참고사항 Case: 이력서에는 없는 내용

세부항목	자소서: 소재 후보
대학교 입학 전	• 성장과정(가치관/인생관)에 영향을 준 경험 – 해외유학, 부모님 가르침 등 ▶
대학교 전공	• 대학교 전공 선택 이유/계기 ▶

대학원 전공	• 석사의 경우
	  – 대학원 진학 이유/계기
	  – 석사 연구과제 선택 이유/계기
	▶

참고사항은 이력서에는 없는 내용이지만 자신의 성장과정을 어필할 수 있는 중요한 사건들이다. 이를 통해 가치관이나 인생관, 또는 전공/직무에 대한 열정을 표현할 수 있다. 따라서 대학교에서 해당 전공을 선택한 특별한 계기가 있다면 그것을 중점적으로 정리하도록 하자.

- ◎ 대학교 입학 전의 성장과정에서는 자신의 가치관이나 인생관에 영향을 준 경험을 정리하면 된다. 특별한 경험이 없으면 기재하지 않아도 무방하다.
- ◎ 대학교를 지원하면서 고민한 전공 선택은 중요하다. 어떤 생각으로 또는 어떤 계기로 전공을 선택했는지 자신의 가치관, 직업관을 어필할 수 있는 이야기이다.
- ◎ 석사의 경우 대학원을 진학하게 된 계기, 석사 연구과제를 선택하게 된 이유가 중요하다. 면접위원들이 궁금해 하는 내용이기 때문이다.

2Step - 자소서 후보소재 선정

[2Step - 자소서 후보소재 선정 ▶ STAR 키워드 작성]

주제	소재	S	T	A	R	주제 키워드
Essay 1	후보소재-1					
	후보소재-2					
Essay 2	후보소재-1					
	후보소재-2					
Essay 3	후보소재-1					
	후보소재-2					
Essay 4	후보소재-1					
	후보소재-2					

PART

3

자소서 작성법

◉ 이력서 내용 가운데 자소서 주제에 적합한 후보소재를 선정한다.

- 다양한 종류의 경험들 가운데 현재의 자신을 만들어준 경험은 무엇인가? 자소서의 소재로는 바로 지원동기, 직무역량과 연관성이 높은 경험을 선택해야 한다.

- 자소서 주제별로 2~3개씩 선정하는 것이 좋다.

◉ 후보소재에 대해 STAR 키워드를 작성한다.

- 먼저, 선정한 후보주제에 대해 STAR 기법을 적용하여 스토리를 작성한다. 이때는 완성된 문장으로 쓰기보다는 키워드로 간단히 정리하는 방법이 더 편리하다.

- 다음, 경험을 통해 결론적으로 배운 점을 생각해보고 자소서 주제 중 어디에 적합한지를 생각해보자. 예를 들면 회사가 요구하는 인재상 – 열정, 도전, 창의성, 소통, 협업, 리더십 등 – 관련 키워드를 적는다.

- STAR 키워드만 잘 작성해도 자소서 주제에 적합하게 자신의 경험을 효과적으로 활용할 수 있다.

3Step - JD 적합도로 Best 소재 확정

[3Step - JD 적합도로 Best 소재 확정]

항목	Essay : 작성 내용	자소서 : 소재 확정
Essay 1	• 회사 지원 이유 + 회사에서의 꿈	• 이력서 항목 참고: 학력사항, 경력, 활동 등 ▶
Essay 2	• 성장과정: 현재 자신에게 가장 큰 영향을 끼친 사건/인물	• 이력서 항목 참고: 학력사항, 경력, 활동, 자격/면허 등 – 아르바이트, 존경인물도 가능 ▶ 소재1: ▶ 소재2:
Essay 3	• 최근 사회 이슈 + 자신의 견해	
Essay 4	• 직무관련 전문지식/경험 + 본인이 적합한 사유	• 이력서 항목 참고: 학력사항, 경력사항 등 – 특히 직무관련 경험, Tool, 경력, 활동, 자격증 중요 ▶ 소재1: ▶ 소재2:

◎ 후보소재의 키워드를 보고 자소서 주제별로 가장 적합한 소재를 확정한다.

◎ 그 기준은 JD 적합도이다. 자소서 주제별로 회사가 제시한 JD 내용과 연관된 경험을 선정하는 것이 좋다. 그래야 자신의 경쟁력을 제대로 어필할 수 있기 때문이다.

PART

04

기업별 자소서

앞서 설명한 자소서 작성방법을 어떻게 활용해야 할까? 가장 많은 학생들이 지원하는 삼성의 자소서 주제를 분석해보고, 이제까지 배운 자소서 작성법을 실제로 어떻게 적용하는지 알아보겠다.

삼성 자소서 작성팁 및 Case

Essay 주제 분석(삼성전자 반도체부문)

Essay 주제 및 특징

- 1번: 삼성전자를 지원한 이유와 입사 후 회사에서 이루고 싶은 꿈을 기술하십시오. (700자 이내)
- 2번: 본인의 성장과정을 간략히 기술하되 현재의 자신에게 가장 큰 영향을 끼친 사건, 인물 등을 포함하여 기술하시기 바랍니다. (※ 작품속 가상인물 가능, 1500자 이내)
- 3번: 최근 사회이슈 중 중요하다고 생각되는 한 가지를 선택하고 이에 관한 자신의 견해를 기술해 주시기 바랍니다. (1000자 이내)
- 4번: 지원한 직무 관련 본인이 갖고 있는 전문지식/경험(심화전공, 프로젝트, 논문, 공모전 등)을 작성하고, 이를 바탕으로 본인이 지원 직무에 적합한 사유를 구체적으로 서술해 주시기 바랍니다. (1000자 이내)

삼성전자 자소서는 2가지 특징이 있다. 맥락이 연결된 주제로 구성되어 있다는 것이 가장 중요한 특징이다. [◀ p.88 작성법에서 연결]

① 주제 사이에 맥락이 있다.
- 주제를 잘 해석해보면 Essay 1번, 2번, 4번 주제 사이에는 뚜렷한 맥락이 있다.
- 그래서 Essay 4번 → Essay 2번 → Essay 1번 순서로 작성하는 것이 좋다. Essay 1번을 작성할 때 Essay 4번과 2번의 핵심 내용을 참고하여 작성하는 것이 좋다는 의미이다.
- 과거부터 지금까지 쌓아온 직무역량이 무엇이고, 어떤 사건이나 인물을 통해 성장해온 결과, 현재의 지원동기와 미래의 포부는 무엇인지 서술하면 된다.
- Essay 3번은 별개로 작성해도 무방하다.

② Essay 2번의 성장과정이 중요한 주제이다.

◎ 자신의 성장 스토리를 통해 긍정적이고 적극적인 품성이나 가치관을 어필하는
것이 좋다.

◎ 삼성의 핵심가치 가운데 삼성을 상징하는 것이 인재제일, 최고지향이란 키워드
이다. 이에 적합한 스토리를 발굴해서 서술하자.

주제 이해 및 작성팁

Essay 4 전문지식/경험	Essay 2 성장과정	Essay 1 회사 지원이유+꿈
•신입사원에게 중요한 직무역량 •본인이 적합한 사유	•현재의 '나' •가장 큰 영향을 끼친 사건/인물	•지원동기 •입사 20년 후의 목표
JD 참고 •Recommended Subject •Pluses	•긍정적인 품성/가치관 •인재제일, 최고지향	Essay 4 & 2 경험 활용

[삼성 자소서 작성 가이드]

Essay 1: 회사 지원이유 + 회사에서의 꿈

지원자의 현재(지원동기)와 미래(포부)를 묻는 주제이다. 거창하게 포장
하지 말고 진실성을 전달하자.

◎ 회사를 지원한 이유

– 회사를 소개하거나 찬양하는 내용처럼 말로 포장하는 것은 피하자. 여러분의
자소서를 읽는 면접위원들에게는 아무 의미가 없다.

– 가치관, 전공, 직무 등과 관련하여 지원동기는 간결하게 적자. 그리고 지원하
기 위해 치열하게 준비해온 노력의 성과를 제시하자. Essay 4번과 2번의 경
험을 활용하면 된다.

○ 회사에서 이루고 싶은 꿈

　– 너무 큰 이야기를 피하자.

　– 지원 직무의 전문가로서 입사 후 20년 후의 목표(Goal)를 제시하자. 그 목표
　　를 실현하기 위한 단계적인 계획(Plan)도 제시하면 좋다.

Essay 2: 성장과정 – 가장 큰 영향을 끼친 사건/인물

　자신의 성장과정을 제대로 어필하려면 2가지 정의 + 1가지 고민이 필요
하다. 이를 통해 적합한 스토리를 도출하고 가치관/인생관을 전달하자.

○ '현재의 자신'에 대한 정의

　– 어느 회사든 막연히 취업을 원하는 자신이 아니라 삼성전자 입사를 열망하는
　　자신으로 정의하자. 이렇게 관점을 변화시키면 소재와 스토리가 달라진다.

○ '가장 큰 영향을 끼친 사건/인물'에 대한 정의

　– 에피소드 정도의 사소한 경험보다는 자신의 가치관/인생관에 영향을 준 사
　　건/인물을 소개하자.

○ 글자 수 1500자에 대한 고민

　– 1가지 스토리는 지루하다. 2가지 소재를 소개하는 것이 좋다.

Essay 3: 사회이슈 + 자신의 견해

　어떤 소재를 선정할 것인지가 중요하다. 민감한 소재보다 무난한 소재를
다루자.

○ 중요하다고 생각되는 사회이슈

　– 민감한 사회이슈, 기업에 부정적인 이슈와 같은 2가지 소재는 피하자. 면접
　　위원 관점에서는 그다지 관심 있는 소재가 아니다.

　– 지원 회사/직무에 대한 이슈가 무난하다. 비즈니스 이슈나 기술적인 이슈를
　　설명하여 회사의 사업/직무에 대한 관심도를 어필하자.

◉ 자신의 견해

  – 비즈니스 이슈나 기술적인 이슈를 알기 쉽게 설명한 다음, 이에 대한 자신의 견해를 덧붙이면 된다.

Essay 4: 전문지식/경험 + 적합한 사유

지원한 직무별로 '신입사원에게 가장 중요한 직무역량은 무엇인가?'라는 관점에서 작성하자.

◉ 직무 관련 전문지식/경험

  – 심화전공: JD의 Recommended Subject를 참고하자. 여기에 추천된 전공과목을 학습한 내용을 소개하자.
  – 프로젝트, 논문, 공모전: JD의 Requirements, Pluses를 참고하자. 제시된 직무와 연관된 경험을 소개하면 된다.

◉ 자신이 지원 직무에 적합한 사유

  – 다른 지원자와 비교하여 자신만의 차별화된 직무역량을 전달하자.

앞서 설명한 주제 이해 및 작성팁을 참고하여 실제 자소서 작성사례를 살펴보자. 메모리사업부의 공정기술 직무를 지원한 D합격자의 자소서이다.

D는 자신이 핸디캡이 많은 지원자라고 생각하는 학생이다. 3학년이 되면서 토목공학에서 전자공학으로 전과를 했고, 전자공학을 어렵게 공부한 때문인지 학점도 보통(3.45) 수준이다. 이미 2학기 동안 졸업유예를 한 상황이었다. 하지만 전문연구소 3곳에서의 반도체 관련 연수사항을 잘 활용하여 자소서를 작성했다.

특히 D합격자는 SK하이닉스에도 지원했다. 삼성전자 자소서를 이렇게 SK하이닉스 자소서에 활용했는지 Chapter 7에서 살펴보자. [▶ p.170 자소서로 연결]

이력서와 자소서의 연결고리

이자면 관점에서 이력서와 자소서의 연결고리는 중요하다. 특히 이력서의 어떤 내용이 자소서의 스토리로 연결되었는지 포인트를 잡자.

[D지원자의 이력서 내용]

항목	입력 내용
학력사항 (특기사항)	• 광기술교육센터, 나노기술원, 반도체설계교육센터에서 교육/실습 – 광학교육 이수, 메모리 소자 및 MOSFET 공정 교육/실습 ▶ Essay-4 직무역량으로 연결
대내외 활동	• 합창동아리 – 합창 연습을 통해 개인의 특성보다는 조화로움을 추구해야 아름다운 선율이 나오는 것을 알게 됨 • 광기술교육센터: 기하광학 및 파동광학 학습 ▶ Essay-4 직무역량으로 연결 • 나노기술원: Lithography 학습 ▶ Essay-4 직무역량으로 연결

	• 반도체설계교육센터: CMOS 공정 및 MOSFET 공정 교육
	▶ Essay-4 직무역량으로 연결
	• SEDEX, SEMICON 참가: 반도체 기술 트렌드 습득
	▶ Essay-4 직무역량으로 연결
자격/면허	• 6시그마 GB & BB ▶ Essay-4 직무역량으로 연결
Essay	• 취미/특기: 사진찍기(렌즈에 대한 관심을 키움)
	• 존경인물: E 지도교수 ▶ Essay-2 성장과정으로 연결
	• 존경이유: 진심어린 조언, 반도체에 대한 열정과 지식을 배움

　D지원자는 이력서의 특기사항, 대내외활동, 자격/면허, 존경인물 및 존경이유를 자소서의 스토리로 활용했다.

　◉ 특기사항, 대내외활동, 자격/면허: Essay 4번의 직무역량으로 연결
　◉ 존경인물 및 존경이유: Essay 2번의 성장과정으로 연결

이제 D합격자의 자소서 작성과정을 구체적으로 따라가 보자.

　◉ 먼저 초안의 미흡한 점을 체크한 다음, 어떤 개선 포인트를 가지고 수정안을 만들었는지 설명하겠다.
　◉ 자소서 주제 사이의 맥락을 고려하여 Essay 4번 → 2번 → 1번 → 3번 순으로 작성팁을 살펴보자.

✅ Essay 4 **Ⅰ 전문지식/경험 + 적합한 사유**

지원한 직무 관련 본인이 갖고 있는 전문지식/경험(심화전공, 프로젝트, 논문, 공모전 등)을 작성하고, 이를 바탕으로 본인이 지원 직무에 적합한 사유를 구체적으로 서술해 주시기 바랍니다. (1000자 이내)

초안

---

1 평범한 소제목

- 직무역량이 구체적으로 전달되지 않는다.
- 두 마리 토끼의 의미도 구체적이지 않다.

1 〈두 마리 토끼를 잡는 Engineer〉

공정기술은 공정 단순화와, Bottleneck 공정관리를 통해 최적화 시키는 과정입니다. 원가 경쟁력, 생산성 향상, 공정 최적화를 함으로써 제품의 경쟁력과 직결되는 분야입니다. 2가지 이유로 제가 공정기술에 적합한 인재라고 생각합니다.

2 미흡한 가독성

- '첫째', '둘째'가 금방 눈에 띄지 않는다.
- 전체 내용을 읽어야 직무역량 파악이 가능하다.
- 내용 설명이 구구절절이 길다.

2 첫째, 소자를 배우고 Simulation Tool로 소자를 만들어 보았습니다. 반도체공학으로 MOSFET에 대해 배우고 Atlas를 통해, Scaling down으로 인한 문제점을 Plot 하면서 경험했고, 이를 해결하기 위해 SOI, DG MOSFET 등을 만들면서 FinFET 등 다양한 구조들이 시도된다는 것에 대해 알게 되었습니다. Tool을 사용하면서 Energy band diagram을 이해하는데 중점에 두었고, 공정 parameter가 바뀔 때, band의 변화, 수율 개선을 위해 해야 하는 일에 대해 확인할 수 있었습니다. 또, Tool을 토대로 메모리의 구조와 동작원리에 대해 익혔습니다. 또, 교수님과 반도체 특성 분석에 대한 주제를 발표했는데, Tool을 통해 배운 것을 토론하면서 이해도를 높였습니다.

3 둘째, 공정실습을 하면서 공정 Process와 장비에 더 친숙해졌습니다. 여름방학 때, 공정 이론을 공부하면서, FAB에서 장비를 실습해보는 교육과정을 거쳤습니다. FAB에 들어가서는 PECVD, Sputter, Aligner, Etch 장비들을 다루어 보면서 공정 process를 경험했는데, 그중에서, Photo 공정은 집적도와 수율에 있어 중요한 Bottleneck 공정이라 배워, Aligner을 Soft, hard, Proximity로 다루어 보았습니다.

Develop을 불량 시 Align key의 오염, 노광 시간이 짧을 시 PR이 다 반응하지 않아 Etch에 영향을 미치는 것을 보고Photo 공정의 중요성을 깨달았습니다.

4 소자에 대한 깊은 이해, 공정에 대한 직접적인 이해와 경험이 있어 공정 엔지니어로서 제가 적합한 인재라 생각합니다.

3 공정실습을 한 전문연구소 이름 생략

- 근거 차원에서 장소도 중요하다.

4 소자 이해, 공정 이해

- 다른 지원자들과 차별화되지 않는 역량이다.

PART

4

기업별 자소서

1 구체적인 소제목

– 소제목만 읽어도 직무역량 파
  악이 가능하다.
– Lithography 공정 경험은 다
  른 지원자와 차별화된 역량
  이라고 할 수 있다.

1 〈소자 + 공정 + 광학 = Lithography 엔지니어〉

공정기술은 신제품 양산 최적화 및 공정 단순화를 통한 공정 개선을 시키는 업무입니다. 이는 곧 제품의 경쟁력과 직결되는 분야입니다.

그 중에서도 Lithography 공정은 제품의 사이즈를 결정하는 가장 핵심적인 공정입니다. 전자공학에서 배운 소자, 공정, 광학 지식을 토대로 Lithography 공정을 선도하고 싶습니다.

2 3가지 직무역량 강조

– 치열하게 준비해 온 지원노력
  을 어필했다.
– 1), 2), 3) 넘버링과 소소제목으
  로 시각화했다.

2 1) TCAD를 이용한 소자 제작

반도체공학, 공정지식을 기반으로 1년 간 Atlas Tool을 이용해, 1학기에는 Short channel effect를 해결하기 위한 SOI, DG MOSFET 등을 만들고 2학기에는 CTF를 기반으로 한 Ferroelectric SONOS 구조를 만들면서 소자에 대한 이해도를 높였습니다.

Tool을 사용하면서 Energy band diagram을 이해하는데 중점에 두었고, 공정 parameter가 바뀔 때, band의 변화, 수율 개선을 위해 하는 일에 대해 확인할 수 있었습니다. 또, Tool을 토대로 소자의 구조와 동작 원리에 대해 익혔습니다.

▶ 인성면접으로 연결 Case

– 1분 자기소개에 활용
– 학점이 좋지 않은 이유는?
– 원하지 않는 부서로 배치된다
  면?
– 마무리 발언에 활용

3 전문연구소 3곳을 강조

– 전문연구소 3곳의 이름을 제
  시했다.
– 반도체 전문연구소에서 받은
  연수내용을 구체적으로 설명
  했다.

3 2) 광기술교육센터, 나노기술원에서 Lithography 이해

Lithography 전문가가 되기 위해 광기술교육센터와 나노기술원에서 기하광학과 파동광학을 공부하였습니다. 공정 실습을 할 때, 노광시간을 초과해 소자가 망가지는 것을 보고 Lithography 공정의 중요성을 느꼈습니다. 이를 계기로 학교와 전문연구소에서 광학교육을

이수하면서 렌즈에 대해 깊게 공부할 수 있었습니다.

3) 반도체설계교육센터에서 MOSFET 공정 경험

　공정실습 후에 반도체설계교육센터에서 CMOS 공정 및 MOSFET 공정에 대한 교육을 받았습니다.

4 SEDEX, SEMICON 등에 참가하여 기술 트렌드에도 관심을 기울였습니다. 또한 6시그마 GB/BB 교육을 통해 공정상의 산포 관리에 대해 이해할 수 있었습니다.

5 Lithography 공정에 대한 이해를 바탕으로 단순한 노광의 반복이 아닌, 최고 효율의 노광공정을 만들어가는 엔지니어가 되겠습니다.

▶ **직무면접으로 연결 Case**

- 포토장비에 대한 설명은?
- Implantation 설명은?
- Cleaning 공정 설명은?
- Deposition 설명은?

4 추가적인 노력도 어필

- 전시회 참가 경험과 6시그마 교육 내용을 작성했다.

5 최고 효율의 노광공정

- Essay 1번의 포부로 연결시켜 강조했다.

작성 Point

✔ 소제목 + KKK 구조로 가독성이 뛰어나다.
　- 1K = 1(개선 포인트 번호), 2K = 2 + 3 + 4, 3K = 5
✔ 2K에서 3가지 직무역량을 명확하게 강조했다 → 전문지식/경험
　- Essay 4번과 같이 직무역량 주제는 STAR 기법을 고집하지 말자. 이처럼 전문지
　　식/경험을 나열식으로 작성하는 것이 더 좋다. STAR 기법으로 1가지 경험만 강조
　　하는 것보다 나열식으로 2~3개 직무역량을 어필하는 방법을 추천한다.
　- 1), 2), 3)으로 넘버링을 해서 소소제목으로 강조한 것도 효과적이다.
✔ 차별화된 직무역량 = Lithography 역량을 강조하여 자신이 지원 직무에 적합한 사
　유를 설득하고 있다.
　- Lithography 역량은 Essay 1번의 지원동기/포부 내용으로 연결되어 있다.

Essay 2 ┃ 성장과정

본인의 성장과정을 간략히 기술하되 현재의 자신에게 가장 큰 영향을 끼친 사건, 인물 등을 포함하여 기술하시기 바랍니다. (※ 작품속 가상인물 가능, 1500자 이내)

초안 1

1 적합하지 않은 소제목

– 책임감, 유연성을 강조했지만, 엔지니어 역량과는 거리감이 있다.

1 〈책임감, 유연성을 가진 Engineer〉

도망치고 싶을 때 맡은 바 책임감을 다 할 줄 아는 사람, 살아가는 데 있어 어떠한 방향으로 나아가야 되는지 아는 사람으로 자라왔습니다.

2 책임감 스토리를 삭제

– 아픈 가정사는 신중하게 선택하자. 꼭 필요한 소재라면 장황하게 설명하지 말고 핵심만 간략하게 요약하는 것이 좋다.
– 아버지의 책임감을 강조하다 보니 지원자의 책임감 사례가 없다.
– 빚 소재는 면접위원들에게 부담되는 스토리가 될 수 있다.

2 [책임감(빚) 스토리]

어렸을 때, 아버지께서 고객한테 사기를 당하셔서 많은 빚을 떠안고 지냈습니다. 집안이 한순간에 기울어진 것을 보고 많은 생각이 들었습니다. 빚이 있는 집안들은 … 파산 신청을 해서 … 쉬운 방법이 있는데, 왜 묵묵히 돈을 갚아 나가시는지 이해할 수 없었습니다.

제가 조금 크자, 부모님께서는 … 돈을 빌려준 사람들에게 빚을 갚아야 된다는 책임감 때문이라고 말씀해 주셨습니다. 비교적 쉬운 회생방법이 있음에도 불구하고 … 책임을 짊어지고 견디시는 모습이 마음속 깊이 새겨졌습니다. 마침내 빚을 다 갚으시는 모습을 보면서 … 책임의 가치에 대해 생각하게 되었습니다.

126 이공계 취업은 렛유인 WWW.LETUIN.COM

초안 2

1 [유연성(학원) 스토리]

2017년도 초, 저는 어머님이 운영하시는 학원사업을 떠맡게 되었습니다. 홀로 학원을 운영하시면서 과도하게 목을 사용하시던 어머니는 발성장애가 오셨고, 학원으로 생계유지를 하던 저희 집은 난관에 봉착하게 되었습니다. 1인 체제의 학원이어서 이를 대체할 일손이 없었고, 학원을 정리해야 하는 상황에 놓였습니다.

하지만, 이런 상황을 볼 수 없었던 저는 제가 학원을 맡겠다고 부모님께 말씀드렸습니다. 과외 경력이 조금 있었지만, 학원을 운영해 본 적은 없기에 인수인계를 받기에 앞서, 몇 가지 문제점 분석과 해결책을 세웠습니다.

2 첫째, 어머니의 목 상태, 큰 병원에서는 3~4개월 동안 쉬시면 나아지신다고 하였지만, 그 이상 길어질 수도 있었으므로 개인 병원에 가서 매주 음성치료를 받게 하였습니다.

둘째, 일손 부족, 혼자 하는 일인데도 아이들이 30명 정도로 많아, 일의 효율이 부족할 것을 느껴 사람을 채용하였습니다. 많은 인원들을 통솔하기에는 경험이 부족했던 지라, 값싸고 전문성이 떨어진 사람이 아닌, 비싼 노동력에 업계 경력이 있는 사람을 채용하였습니다.

또한, 지속적으로 매달 학부모들과 상담을 함으로써, 아이들의 부족한 점, 학원에 바라는 점에 대한 피드백을 반영하면서 학부모들과 유대감을 갖추었습니다.

3~4개월 후, 학원의 원생을 150% 가량 증가시켰고, 원생이 많아져 직접 지도하기에는 어려웠고 어머니에게

1 적합한 소재나 가독성이 미흡

- 소제목이 없다.
- STAR 기법으로 작성했으나 설명이 장황하다.
- 전체 내용을 읽어야 주제를 이해할 수 있다.

2 3가지 Action이 중요

- 가독성이 미흡하다.
- '첫째', '둘째', '또한'이 금방 눈에 띄지 않는다.
- 소소제목이 부적합하다.

자리를 넘겨드려야 했으므로 무리하지 않고 최대한의 효과를 낼 수 있는 시간대에 맞는 그룹과외시스템으로 체제를 변경하게 되었습니다.

3 미흡한 마무리
- 배운 점에 대한 설명이 장황하다.
- 책임감 & 유연성을 엔지니어 역량과 억지로 연결한 느낌이다.

3 어린 시절 책임감에 대한 부모님의 교육은 가정에 위기가 닥쳤을 때, 학원을 맡을 수 있는 용기를 주었고, 짧은 기간이었지만 학원을 운영하면서 일에 대한 유연성을 기를 수 있었습니다. 이러한 경험을 바탕으로, 같은 팀에서의 공정 업무가 주어질 때 쉽게 풀지 못하는 문제라도 다각도로 접근하면서 맡은 바 책임을 끝까지 질 수 있는 Engineer로써 성장하겠습니다.

※ 책임감(빚) 스토리는 삭제
※ 유연성(학원) 스토리는 수정

1 〈대타 학원 운영 : 문제해결능력으로 위기 극복〉

어머님 대신 학원 운영을 하면서 위기 발생 시 문제해결능력을 발휘했습니다.

1 명확한 소제목

– 소제목만 읽어도 핵심내용을 짐작할 수 있다.

2 대학교 3학년 때, 어머님이 운영하시는 학원사업을 떠맡게 되었습니다. 홀로 학원을 운영하시면서 과도하게 목을 사용하시던 어머니는 발성장애가 오셨고, 학원으로 생계유지를 하던 집은 난관에 봉착하게 되었습니다. 1인 체제의 학원이어서 이를 대체할 일손이 없었고, 학원을 정리해야 하는 상황에 놓였습니다.

하지만, 이 상황을 방관할 수 없어 제가 학원을 맡겠다고 부모님께 말씀드렸습니다. 학원을 인수받으면서 몇 가지 문제점을 분석하고 해결책을 세웠습니다.

2 3학년으로 표시

– 3학년 때 토목공학과에서 전자공학과로 전과한 후, 어렵게 공부한 상황을 어필했다.

3 1) **어머니 치료** : 큰 병원에서는 6개월 동안 쉬시면 나아지신다고 하였지만, 그 이상 길어질 수도 있었으므로 개인 병원에 가서 매주 음성치료를 받게 하였습니다.

2) **전문가 채용** : 혼자 하는 일인데도 학생이 30명 정도로 많아 일의 효율이 부족할 것을 느껴 사람을 채용하였습니다. 많은 인원들을 통솔하기에는 경험이 부족했기 때문에 값싸고 전문성이 떨어진 사람이 아닌, 비싼 노동력에 업계 경력이 있는 사람을 채용하였습니다.

3) **상담/피드백 시스템 구축** : 학생 개개인의 특성이 달라 지속적인 상담을 필요로 하였습니다. 부모님=고객들에게 학원에 대한 점, 매월 평가를 통한 지속적인 점수 관리, 학원 시스템에 관한 점들을 피드백으로 반영하

3 3가지 Action 강조

– Action 분량이 50%이다.
– 1), 2), 3), 넘버링과 소소제목으로 시각화했다.

▶ **면접으로 연결 Case**

– 학점이 좋지 않은 이유는?
– 지금까지 답변한 걸로 저희를 설득할 수 있을 거라고 생각하나요?

PART
4

기업별 자소서

였습니다. 한 사례로, 아이가 꾸준히 등원을 하는지 걱정하시는 분들이 많으셔서 출결관리시스템을 전문업체와 연동하여 관리하게끔 하였습니다.

4 2가지 결과를 제시

– 원생 150% 증가와 그룹과외 시스템 체제 변경으로 정리했다.

4 이를 통해 부모님들과 신뢰감을 형성할 수 있었습니다. 6개월 후, 원생을 150% 증가시켰고 최대한의 효과를 낼 수 있는 시간대에 맞는 그룹과외시스템으로 체제를 변경하였습니다.

※ 새로 발굴한 스토리 – 존경
인물에서 착안

1 〈반도체에 대한 열정/끈기 : 지도교수의 가르침〉

저는 3학년이 되면서 토목공학과에서 전자공학과로
전과를 하였습니다. 오랜 시간동안 거대한 구조물로 변
화를 만드는 것보다는, 미세한 소자들로 큰 변화를 이끌
어 내는 것이 저에게 더 맞다 생각했기 때문입니다.

1 새로운 스토리를 선정

– '전과'라는 사건을 소개했다.
– 반도체 엔지니어의 꿈을 키운
계기를 설명했다.
– 존경인물과의 연관성을 강조
했다.

2 1) 반도체 지식/열정 : 전과 후, E 교수님으로부터 반
도체에 대한 열정과 끈기를 배웠습니다.

과목이수 커리큘럼을 구상하지 못했을 때 교수님의
전자기학 강의를 들었습니다. 학생들에게 선생님이라
고 불리고 싶다는 교수님은 전자과의 기초, 진로에 대해
자세히 알려주시며 다그칠 때는 엄하게 다그치시는 모
습이 인상 깊었습니다.

정규수업이 아님에도 불구하고 반도체에 관한 특강과
학과 동아리를 매년 운영하시면서 학생들에게 추가적인
교육, 과 행사를 유치하시는 모습에 열정이라는 것을 느
꼈습니다.

2 지도교수의 2가지 가르침을
강조

– 반도체 엔지니어를 향한 꿈을
어필했다.
– 끝까지 함께 가자: 엔지니어
에게 필요한 마인드이다.
→ (아래) 삼성전자와 '끝까
지 함께 가는' 엔지니어
로 연결했다.

2) **"끝까지 함께 가자."** : 학원을 하며 바쁜 시기에 공
부에 힘들어 했을 때, "끝까지 함께 가자."는 교수님의
말씀을 통해 반도체 관련 커리큘럼을 무사히 이수할 수
있었고, 반도체공정, 전자기학, 디지털집적회로를 이수
하면서 공정기술 엔지니어로서 역량을 쌓을 수 있었습
니다.

PART

4

기업별 자소서

3 가르침을 지원동기로 연결

– 긍정적인 조직관을 어필했다.

3 이렇게 교수님으로부터 배운 열정으로 광학에 대한 지식을 쌓으면서 Lithography 전문가가 되기 위해 노력하고 있습니다. 이러한 열정과 끈기를 바탕으로 삼성전자와 함께 '끝까지 함께 가는' 엔지니어가 되겠습니다.

📖 작성 Point

✔ 자신의 가치관/인생관에 영향을 준 사건/인물을 소개했다.
 – 스토리① : 원장인 어머니 대신 부원장으로 학원을 운영해본 사건
 – 스토리② : 반도체 엔지니어로서의 열정을 가르쳐준 인물(지도교수)
✔ 주제에 적합한 2가지 소재를 통해 성장과정을 축소하여 작성했다.
 – 처음에는 스토리① 하나로 1400자를 적었지만, 필자와 협의한 후 스토리②를 추가했다. 대신 스토리①은 700자로 줄였다.
✔ KKK + STAR 구조를 적용하여 의미와 재미를 다 잡았다.
 – 간결하게 작성했기 때문에 키워드가 의미가 있으면서도 스토리가 재미있게 읽혀진다.
 – 수정안 1: S + T = 2, A = 3, R = 4
 – 수정안 2: S + T = 1, A = 2, R = 3
✔ 소제목과 소소제목만 읽어도 내용이 그려지고 흥미가 생긴다.
 – 누구나 쓸 수 있는 소제목이 아니고 자신만의 소제목을 적었다.

✔ Essay 1 I 지원이유 + 회사에서의 꿈

삼성전자를 지원한 이유와 입사 후 회사에서 이루고 싶은 꿈을 기술하십시오. (700자 이내)

초안

1 소제목의 구체성 미흡

– 누구나 적는 소제목이다.

2 평범한 지원동기

– 가치관/인생관을 느낄 수 없다.

3 Essay 4번에 적합한 내용

4 Essay 4번에 적합한 내용

– 신문기사를 단순히 인용했다.

---

1 〈미래를 준비하는 Engineer〉

2 전공과목에서 경험한 반도체 공정의 핵심인 미세공정에서 삼성이 차지한 비중과 이를 선도하는 모습에 이끌려 지원하게 되었습니다.

3 반도체 공정 실습을 하였는데, Lithography 공정을 위해 Yellow room에서 Aligner을 다루면서 Align key를 맞춘 채 노광을 하게 되었습니다. 정확한 패턴형성을 위해 정해진 규율에 맞춰 노광을 하는 것이 새로웠고, 이보다 더 좋은 고해상도의 장비들과 미세패턴을 연구하는 방법에 대해서 호기심이 들었습니다. 그래서 실습을 한 후, Scanner와 미세패턴을 만드는 방법에 대해 계속 공부를 하게 되었습니다.

4 ArF immersion, LELE 등을 거쳐 LPDDR4에 적용된 SAQP 공정은 메모리 공정이 10nm 대에 진입했다는 점에서 큰 의의를 가집니다. 또한 올해 양산 발표된 LPDDR5 또한 메모리 분야의 압도적인 기술력을 보여주었습니다. 하지만 향후 미세공정이 한계에 이르러 EUV를 도입함으로써 더 Scaling down을 시키겠다는 예정이라는 기사를 보았습니다.

5 메모리 분야에 EUV 적용은 공정 개발이 쉽지 않을 거라 생각합니다. 입사 후, 라인에서의 흐름을 파악하고 차세대 공정 기술 개선에 힘쓰면서, CL이 높아지고 팀장, 그룹장이 되었을 때 타 부서와 협업을 선도하여 공정 최적화를 시키는 Engineer가 되겠습니다.

5 **명확하지 않은 포부**

– 구체적인 목표나 계획이 없다.

1 구체적인 지원동기

– 소제목만 읽어도 이해할 수 있다.

2 '동반성장'이란 가치관

– 지원동기로 설명했다.
– 지원자도 인재의 한 사람임을 어필했다.

▶ **면접으로 연결 Case**

– 살아가는 데 중요한 가치관 은?
– 노광공정을 지원한 이유는?

3 치열하게 준비한 노력과 직 무역량을 명확하게 제시

– Essay 4번의 3가지 직무역량 을 소소제목으로 강조했다.

4–1 포부도 구체적

– 노광공정 Specialist라는 목표 (Goal)를 제시했다.

1 〈노광공정 미세화 : 공정기술 엔지니어의 열정〉

노광공정의 미세화를 선도하는데 있어 저의 열정을 삼성전자에 투자하고 싶습니다.

2 지원 회사를 선택하는데 있어 가장 중요한 것은 회사 와 임직원 간의 동반성장입니다. 역량을 갖추었지만 정 제가 필요한 인재가 체계적으로 실무능력을 전수받으면 자신의 역량을 배로 발휘할 수 있습니다. 그러한 인재들 이 늘어날수록 회사의 경쟁력이 단단해진다고 생각합니 다. 미래 기술력과 역량 있는 인재를 갖추고 있는 곳이 삼성전자 메모리사업부입니다.

3 저는 지원동기에 걸맞는 인재가 되기 위해 다음과 같 은 경험을 했습니다.

1) 반도체 기본역량을 갖추고, TCAD를 이용해 Flash memory를 설계한 점
2) 광기술교육센터, 나노기술원에서 파동광학을 공 부하고 Lithography 전문역량을 쌓은 점
3) 반도체설계교육센터에서 MOSFET 공정 경험을 쌓은 점

4 〈최고 효율의 노광공정을 만들어가는 엔지니어〉

공정 난이도가 점점 어려워지는 가운데 노광공정에서 도 최고의 Specialist가 필요합니다. 저는 Lithography 공정에 대한 이해를 바탕으로 단순한 노광의 반복이 아 닌, Bottleneck 공정의 문제점을 체계적으로 개선하는 엔지니어가 되고 싶습니다.

앞으로 선배들의 실무능력을 제대로 전수받아서 체계적으로 개선하겠습니다. 이를 바탕으로 10년 안에 최고 효율의 노광공정을 만들어가는 Specialist에 도전하겠습니다.

PART

4

기업별 자소서

4−2 단계적 계획(Plan)도 설명

− '앞으로', '10년 안에'와 같이 입사 후와 그 다음 단계적 계획까지 제시했다.

작성 Point

✔ 지원동기와 포부가 구체적이다.
  − 자신의 가치관으로 회사 지원동기, 직무 선택이유를 설명했다.
  − 포부도 목표(Goal)를 제시한 다음, 단계적인 계획(Plan)까지 제시했다.
✔ 치열하게 준비해온 노력의 성과를 간결하고 명확하게 제시했다.
  − Essay 4번에서 강조한 3가지 직무역량을 소소제목 식으로 작성했다.
✔ 특히 Essay 4번의 Lithography 역량을 지원동기/포부와 연결시켜 강조했다.
  − 차별화된 직무역량을 바탕으로 노광공정 Specialist가 되고 싶은 열정과 꿈을 전달했다.
✔ 2개의 소제목으로 지원동기와 포부를 각각 강조한 것도 좋다.

최근 사회이슈 중 중요하다고 생각되는 한 가지를 선택하고 이에 관한 자신의 견해를 기술해 주시기 바랍니다. (1000자 이내)

※ 다른 내용으로 교체

1 주제 교체를 협의

– 지원자의 교육 봉사활동은 착한 내용이지만, 다소 민감한 주제일 수 있다.

2 면접위원 관점에서 질문하고 싶은 키워드

– 특히 '사회 양극화', '과도한 경쟁', '불평등', '소외계층' 이슈와 관련된 질문을 받을 수 있다.

초안

1 〈사회 양극화의 원인, 교육 격차〉

2 점점 더 심각해지는 교육 격차는 반드시 해소되어야 할 사회 이슈라고 생각합니다. 경쟁은 성장을 위한 필수 요소이지만, 과도한 경쟁은 그 부작용으로 양극화를 야기합니다. 특히 교육 불평등은 이러한 사회 양극화를 심화시키는 주된 요인이라고 생각합니다.

제가 당장 할 수 있는 것은 교육 봉사활동이었습니다. 환경적 이유로 기회조차 박탈당한 교육 소외계층 대상의 공부방, 멘토링 등 교육 봉사활동에 적극적으로 참여했습니다. 군복무 중 지휘관에게 제안해 시작한 주민센터에서의 소외계층 대상 공부방 봉사를 시작으로 … 교육 봉사활동에 꾸준히 참여했습니다.

〈삼성과 공유하는 공통의 가치, 나의 노력〉

3 삼성전자의 역할

– 사회공헌은 Sub
– 이익창출이 Main

3 1년여 동안 참여한 '삼성전자 대학생봉사단'은 교육 불평등 해소에 대한 보다 체계적인 활동을 경험했습니다. 또한 삼성 해외봉사단에 참여하며 … 삼성전자의 글로벌 사회공헌을 경험할 수 있었습니다.

4 삼성은 인재와 기술을 바탕으로, 세계 최고의 제품을 자랑할 뿐만 아니라, 뛰어난 '기술'과 기업으로서 '책임'을, '나눔'이라는 선순환으로 이어가기 위해 앞장서고 있습니다. 그 핵심가치를 함께 공유하며, 앞으로 삼성의 엔지니어로서 활약할 제게 매우 큰 동기부여와 자긍심으로 작용할 것으로 기대합니다.

4 엔지니어의 역할

– 봉사활동은 Sub
– 기술개발이 Main

1 사업부 이슈로 교체

– 비즈니스 이슈를 선정했다.
– 현재 상황을 간략히 설명했다.
– 메모리에 대한 관심도를 어필
 했다.

1 〈메모리 과잉 공급 : 속도조절과 투자 필요성〉

차세대 메모리에 집중 투자를 해야 합니다.

DRAM의 과잉 공급으로 인한 가격 상승과 메모리 반도체 호황으로 인한 장비 업체들의 설비 과잉으로 인해 이제는 DRAM 가격이 점점 하락하고 있습니다.

DRAM이 분명 뛰어난 메모리 소자이고, 삼성전자의 귀중한 자산 중 하나지만, 과도한 공급으로 인한 가격 하락은 황금알을 낳는 거위를 없애는 일입니다. 이를 극복하는 방법에 대한 저의 견해는 다음과 같습니다.

2 지원자의 2가지 견해를 강조

– '차세대 메모리 투자'와 '서버
 용 DRAM 집중'에 대한 견해
 를 정리했다.

2 1) EUV 양산 + 차세대 메모리에 투자

DRAM의 양산속도를 조절하면서 이와 동시에 미세 공정에 따른 메모리 EUV 공정 도입과 차세대 메모리 개발을 two-track 투자해야 합니다.

공정상 기존에 사용하던 LELE, SAQP 같은 방법으로는 분명한 한계가 존재합니다. 10nm 공정 이하로 진입하기 위해 EUV 양산이 첫 번째 과제입니다.

이미 시장점유율 측면에서 타 경쟁사들과 월등히 차이가 나지만, 기술격차를 더 벌려 메모리 분야에 뛰어들기 어렵게 해야 다가올 수도 있는 시장 침체기의 영향을 줄일 수 있을 것입니다. 메모리 시장이 침체되었을 때, 타 기업들은 선행기술 투자에 주춤할 수 있으므로 위기를 기회삼아 EUV 투자와 공정도 한계에 진입할 때가 올 수 있으므로 차세대 MRAM, PRAM 투자를 소홀히 해서는 안 됩니다.

2) B2B 거래 + 서버용 DRAM에 집중

또한 기업과 소비자 간의 거래(B2C)보다 기업과 기업 (B2B) 사이의 거래에 치중하는 방법도 한 가지 대안입니다. 현재 소비자들은 메모리의 성능에 만족한 상황이어서, 과거보다 수요가 전폭적으로 늘지는 않을 것입니다. 하지만 기업은 5G & IoT 시대라 불리는 요즈음 서버용 DRAM을 오히려 더 필요로 할 것 같습니다. 따라서 서버용 DRAM 개발 부분을 더 치중해야 합니다.

메모리의 슈퍼사이클이 끝났다는 말이 있습니다. 이에 수요가 점점 줄어든다면, 시장점유율을 어느 특이점 이후에서 슈퍼사이클이 끝나기 전에 아예 시장을 독점해버리는 것이 중장기적 투자의 청신호라 생각합니다.

❸ 이에 Lithography 공정에 대한 중요도가 더더욱 커졌다고 볼 수 있습니다. Lithography 공정 개선에 저도 기여를 하고 싶습니다.

❸ 이슈를 Lithography 공정과
   연결

– 지원자의 역할도 연결하여 강
   조했다.

📋 작성 Point

✔ 무난하지만 엔지니어에게 적합한 소재를 선택했다.
   – 민감한 사회이슈를 피하고 지원 사업부의 비즈니스 이슈를 선택했다.

✔ 이를 통해 회사/사업부/직무에 대한 관심도를 어필했다.
   – 지원 당시에 메모리 공급 과잉이 큰 이슈였기 때문에 참고할 수 있는 자료도 많았다.

✔ 2가지 자신의 견해를 명확하게 어필했다.
   – 전문가 수준은 아니지만 신입사원 지원자로서 자신의 생각을 잘 정리했다.

　이번 사례는 파운드리사업부의 공정기술 직무를 지원한 합격자의 자소서로, Chapter 3 이력서 작성법에서 설명한 K지원자의 사례이다.

　K는 전자공학을 전공하면서 다수의 프로젝트를 진행한 지원자이다. 아르바이트, 대내외 활동, 경진대회 참가 등 다양한 활동을 쌓은 학생이다. 학교에 대한 아쉬움을 전공 학습과 관련 경험으로 극복해온 특징이 있다.

　Chapter 3의 이력서와 연결하여 어떻게 자소서를 작성했는지 살펴보자. [◀ p.73 이력서에서 연결]

이력서와 자소서의 연결고리

[K지원자의 이력서 내용]

세부항목	입력 내용
최종학력 (특기사항)	1) 3회 프로젝트 수행 → 회로 설계 경험, 나만의 TR 노트 작성 　－ LED 달력 프로젝트 　－ 밸런싱 로봇 프로젝트　　　▶Essay-4 직무역량으로 연결 　－ 블루투스 셀카 프로젝트　　▶Essay-2 성장과정으로 연결 2) NCS 반도체 교육 → 8대 공정, 트렌드 이해
대내외 활동	1) 연수사항 / NCS 반도체 종합 / 8대 공정(전공정 + 후공정), 포토공정 및 　에칭공정 학습　　　　　　　▶Essay-2번과 4번으로 연결 2) 동아리 / SHE / 전공 임베디드 개발 - 16bit 프로그램 설계 3) …
수상경력	1) 중소벤처기업청 지원동아리 / 중소벤처기업청 / 블루투스 셀카 거치대 　로 참가, 200만원 지원　　　　▶Essay-2 성장과정으로 연결 2) …

K지원자는 이력서의 특기사항, 대내외활동, 수상경력을 자소서의 스토리로 활용했다.

- 특기사항, 대내외활동 : Essay 4번의 직무역량으로 연결
- 특기사항, 대내외활동, 수상경력 : Essay 2번의 성장과정으로 연결

K지원자의 자소서를 Essay 4번 → 2번 → 1번 → 3번 순으로 개선 포인트와 수정안을 살펴보자.

Essay 4 ㅣ 전문지식/경험 + 적합한 사유

지원한 직무 관련 본인이 갖고 있는 전문지식/경험(심화전공, 프로젝트, 논문, 공모전 등)을 작성하고, 이를 바탕으로 본인이 지원 직무에 적합한 사유를 구체적으로 서술해 주시기 바랍니다. (1000자 이내)

수정안

1 2가지 직무역량 제시

- '8대 공정 이해'와 '불량 분석/개선'을 어필했다.

2 공정실습 + NCS 학습

- 8대 공정 이해로 미세집적화에 대한 기여를 강조했다.

3 팀 프로젝트 설명

- 불량 분석/개선 경험을 제시했다.
- 2번의 문제 발생, 해결을 통해 실행력이 강점임을 어필했다.

1 〈8대 공정 이해 + 불량 분석/개선 실행력〉

공정기술 엔지니어는 수율을 안정화하고, 생산에서 발생되는 손실을 최대한 줄여야 합니다. 이를 위해서 1) 8대 공정 전반에 대한 이해를 바탕으로, 2) 발생하는 불량을 분석하고 개선하는 역량을 습득했습니다.

2 1. 반도체의 미세집적화 : 공정실습 + NCS 학습

다양한 반도체 소자의 이해에 필수적인 전자회로, 실험, 프로젝트를 통해 다양한 드라이버를 사용하며 분석하고, 소자의 기본구성과 회로에 대한 이해도를 높였습니다. 반도체 생산의 기반인 8대 공정은 공정실습과 NCS 반도체 과정을 수료하여 이해도를 높였습니다.

공정실습을 통해 몸으로 얻은 경험은 7nm, 미래의 3nm 미세화 돌파를 위한 포토공정의 EUV 과정과 에칭 공정 등에서 큰 도움이 될 것입니다.

3 2. 모터 불량 분석/개선 : 엔지니어의 실행력

캡스톤 디자인 수업 중 '밸런싱 로봇 팀 프로젝트'를 진행했습니다. 저는 회로설계를 담당하였고, 설계를 진

행했습니다. 하지만, 설계된 회로는 팀원의 니즈가 반영
되지 않아 조립 시 다양한 문제점을 보였습니다.

1) Layout 설계 니즈 파악

Layout 설계 시 어떤 니즈가 있는지 파악하기 위해
팀원들과 서로의 학습내용을 스터디를 통해 주고 받았
습니다. 공동의 목표를 위한 팀 전체의 실행력을 발휘하
여 예상보다 1주 앞당겨 프로토타입을 완성했습니다.

2) 모터 토크불량 : 수십번의 trial & error로 해결

하지만, 로봇 시험 중 문제가 발생했습니다. 양쪽 모
터 토크가 다르게 측정되었습니다.

프로젝트 진행 일정을 맞추기 위해 공강을 반납하고
9시간 동안 실장된 소자를 전부 체크하여 도표로 정리했
습니다. 그 후 데이터베이스와 비교하여 특정 소자의 값
이 불량인 것을 확인할 수 있었고, 마침내 해결할 수 있
었습니다.

4 최종적으로 1주일 앞당겨 완성품을 만들 수 있었고
100% 구동시켜서 A+라는 값진 평가를 받았습니다.

이처럼 학습을 통해 얻은 반도체 지식, 경험을 통해
얻은 팀워크 및 실행력으로 파운드리사업부의 1등 엔지
니어가 되겠습니다.

▶ **면접으로 연결 Case**

– NCS 반도체 교육과 공정실습
  은 어디서 받았나요?
– 반도체 공정실습을 하면서 이
  론과 다르다고 느낀 점은?

PART

4

기업별 자소서

4 **결과 및 배운 점 강조**

– 입사 후 포부와 연결했다.

✅ Essay 2 I 성장과정

본인의 성장과정을 간략히 기술하되 현재의 자신에게 가장 큰 영향을 끼친 사건, 인물 등을 포함하여 기술하시기 바랍니다. (※ 작품속 가상인물 가능, 1500자 이내)

1 2가지 가치관을 제시

– 제시한 가치관을 쉽게 이해할 수 있다.

2 3가지 경험으로 설명

– '전자공학 전공 선택', '프로젝트 경험', 'NCS 반도체 학습'을 제시했다.

▶ 면접으로 연결된 Case

– 엔지니어로서 일할 때, 실행력을 발휘하는데 필요한 요소는?

1 〈호기심과 실행력 : 엔지니어의 가치관〉

성장과정에서 얻은 가장 중요한 가치관이 있습니다. '모르는 것은 창피한 것이 아니며, 배움을 통해 실행력을 얻는다.'입니다. 이러한 호기심은 저를 전자공학의 길로 초대해주었습니다.

2 1. PC 조립부터 시작된 전자공학도의 길

고등학교 시절 인터넷을 참고하여 처음으로 PC를 조립했습니다. 아르바이트와 용돈을 모아 가성비 있는 부품을 구매했습니다. PC를 사용하며 아쉬운 느낌을 받아 부품의 성능을 200% 끌어내기 위해 오버클럭이라는 것을 찾았습니다.

당시 생소했던 전압 값 설정 후 안정화 등을 학습하고 실행하여 많은 시행착오를 통해 원하는 값을 성취하게 되었습니다. 청소년기에 PC 부품에 대해 빠지게 되었고 이는 곧 전공 선택에 영향을 주었습니다. 부품 구성부터 원리까지 호기심을 채워줄 수 있는 전자공학과에 진학하는 계기가 되었습니다.

2. 실행력으로 완성한 프로젝트 : 질문 올패스로 대상

전자공학을 학습하며 가장 큰 성취감을 얻은 분야는 회로와 소자입니다. 회로는 퍼즐 맞추기와 같아 즐거웠고, 소자는 항상 새로운 지식을 채워주는 무대였습니다.

그중 큰 무대였던 것은 동아리를 통해 "블루투스 셀카 거치대 프로젝트"를 진행한 것입니다.

3 1) 미흡한 회로설계 : 모터 소자가 타는 문제

제작 도중, 전압을 공급하면 모터 소자가 타버리는 현상이 지속적으로 발생했습니다. 완성을 앞두고 팀원들은 상심에 빠졌습니다.

팀원들이 '미완성으로 출품하자.'라고 제의했을 때 함께한 노력이 물거품이 되는 것 같아 팀원들에게 한 번만 더 측정해보자고 간절하게 도움을 청했습니다.

2) 회로 개방 + 소자 점검 : 문제 해결 및 완성

오차 범위가 10% 넘어가는 부품은 교체하고 소자별로 브레드 보드에서 측정 후 조립하여 주말동안 약 20시간을 투자하여 완성할 수 있었습니다. 월요일에 성공적으로 출품했을 때 남다른 성취감은 느꼈습니다.

마지막으로 실패를 극복하고 얻은 결과물을 토대로 전문 심사관 앞에서 발표를 끝내고 질문 올패스를 받으며 대상을 수상했습니다.

4 3. 호기심 → 소자/공정지식 : 실행력 발휘

프로젝트를 진행하며 회로를 설계하면서 소자 특성에 대해 학습하고 싶었습니다. 이를 위해서 사용된 소자의 DB를 엑셀로 정리하여 BJT, FET 종류는 보다 자세하게 알 수 있었습니다. 또한 사용된 MCU와 소자의 패키지, 크기, 스펙 등 차이점에 대해 호기심을 가지게 되었습니다.

호기심을 지식으로 채우기 위해 NCS 반도체 강의를 수강했습니다. 이를 통해 8대 공정에서 이슈해결 및 개선을 통해 미세화, 집적화가 이루어진다는 것을 학습했습니다.

앞으로도 끊임없는 자기 계발을 통해 호기심을 지식으로 전환시키고, 이를 실행력으로 옮겨 삼성의 차세대 반도체 공정기술에 기여하겠습니다.

---

3 실행력의 근거 제시
- 2가지 문제 및 해결과정을 강조했다.

---

4 가치관 + 직무역량 어필
- NCS 학습을 통해 소자/공정지식을 습득했음을 어필했다.
- Essay 4번과 연결했다.

삼성전자를 지원한 이유와 입사 후 회사에서 이루고 싶은 꿈을 기술하십시오. (700자 이내)

〈반도체 비전 2030을 실현하는 엔지니어〉

반도체 산업은 하루가 다르게 급성장하고 있습니다. 기술 트렌드를 리드하기 위해서는 호기심과 의문을 가지고 학습하며, 이를 실행에 옮겨 성장의 발판으로 사용해야 합니다.

1 반도체 호기심에서 시작된 엔지니어의 꿈

– Essay 2번과 연결했다.

1 저는 고등학교 시절부터 반도체에 대해 호기심을 가지고 반도체 엔지니어가 되기 위해 학습하고 실행했습니다. 이제는 삼성전자의 '반도체 비전 2030' 실현에 기여하고 싶습니다. 비메모리의 핵심인 파운드리사업부에서 제가 축적한 2가지 역량을 발휘하겠습니다.

2 2가지 직무역량 강조

– Essay 4번과 연결했다.

2 1) NCS 반도체 과정을 수료했습니다. 이를 통해 공정, 트렌드, 소자에 대해 학습했습니다.

2) PCB Layout을 설계하며 사용되는 소자와 회로를 이해하고, 전자공학 지식을 단단히 갖추었습니다.

3 구체적 포부 제시

– 3가지 실행계획을 제시했다.
– 10년 후, 삼성인상에 도전하겠다는 포부를 나타냈다.

3 〈실행력으로 삼성인상에 도전〉

공정에서 발생하는 이슈를 빠르게 해결하는 파운드리 공정의 전문가가 되기 위해 3가지를 실행하겠습니다.

1) 최적의 수율을 이끌어내기 위해 모든 이슈에 대하여 기록하고 분석하겠습니다.

▶ 면접으로 연결된 Case

– 실행력에 대한 지원자의 정의는?

2) 팀원은 물론 유관부서와 공동의 목표를 위해 협력하겠습니다.

3) 반도체 기술을 리드하기 위해 호기심을 가지고 끊임없이 학습하고 이를 현장에서 실행하겠습니다.

　이러한 학습과 실행력을 통해 10년 후에 삼성인상에 도전하는 공정기술 엔지니어가 되겠습니다.

최근 사회이슈 중 중요하다고 생각되는 한 가지를 선택하고 이에 관한 자신의 견해를 기술해 주시기 바랍니다. (1000자 이내)

1 비즈니스 이슈를 선정

– 엔지니어로서 무난한 소재를 선정했다.

1 〈반도체 산업의 지속 성장을 확신하는 이유〉

최근 '전자산업의 쌀' 반도체가 호황이 꺾이고, 하락세를 맞이했다는 뉴스가 쏟아져 나오고 있습니다.

하지만, 저는 이러한 기사들에 대해 의문을 가지게 되었습니다. …

저는 앞으로 반도체 산업은 더 가파르게 성장할 것이라고 생각합니다. 이제 시작된 AI, 자율주행자동차, 스마트 팩토리, IoT 등 미래산업은 모두 반도체가 중심이 되기 때문입니다. …

저는 최근의 반도체 기사와 제 생각을 종합하여 5가지 견해를 가지게 되었습니다.

2 지원자의 견해 제시

– 5가지 견해를 통해 반도체에 대한 흥미, 파운드리 산업에 대한 관심을 어필했다.

▶ **면접으로 연결된 Case**

– 5가지 견해 중 우리 사업부가 가장 먼저 집중해야 할 것은?

2 1) AI 산업에는 사용자에게 보다 빠른 대응을 제공하기 위해 NPU를 사용하게 됩니다. 이는 시스템 반도체의 개발과 소비를 이끌어낼 것입니다.

2) NPU와 같이 신종 시스템 반도체를 만들기 위해서는 새로운 장비를 개발하고 설치해야 합니다.

3) IoT 또한 MCU를 필수로 사용하게 됩니다.

4) 새로운 환경에 대응하기 위해서 서버를 증설한다면 메모리 반도체도 다시 살아날 것입니다.

5) 새로운 미래산업에 진입하기 위해 팹리스 업체는 파운드리 업체에 더 다양한 비메모리 반도체를 주문하게 됩니다. 따라서 파운드리 산업은 시장이 선순환하고 크게 성장할 것이라고 확신합니다.

3 제 견해를 종합하면, 반도체의 성장은 새로운 시장을 중심으로 지속될 것입니다. 특히 비메모리 반도체가 핵심 역할을 담당하게 됩니다. 이러한 파운드리사업부의 성장에 저도 기여하겠습니다.

3 비메모리 반도체의 중요성 설명

– 지원자의 역할도 강조했다.

PART

4

기업별 자소서

인문계 F합격자의 자소서 Case(영업마케팅 직무 지원)

인문계 지원자의 자소서는 이공계와 다르다. 영업마케팅, 기획, 구매, 인사 직무는 모집전공이 '전공무관'으로 되어 있다. 전공에 상관없이 누구나 지원이 가능하다. 전공지식보다는 직무경험이 훨씬 중요하다는 것을 의미한다. 그런 맥락에서 JD 내용을 반드시 참고하자. JD에 제시된 학습과 경험을 자소서를 통해 어필하는 것이 중요하다. [▶ p.256 자소서로 연결]

JD를 '꼭' 참고하여 작성하자

영업마케팅 JD Case	자소서 작성에 참고할 항목
고객/시장/제품에 대한 이해를 바탕으로 거래선별 마케팅/영업 전략을 수립하여 경영성과를 창출하는 직무	

Role
• 영업공통(국내영업)
• 해외영업
• 마케팅
   – 시장수요 및 경쟁환경 분석, 중장기 사업전략 수립
   – 제품 포트폴리오 수립, Product Life Cycle 관리
   – 마케팅 믹스(4P) 분석을 통한 매출 계획 수립
	▶ **Role**
	– Essay 4번 직무역량(전문지식/경험 + 적합한 사유)
	– Essay 1번 포부(회사에서의 꿈)
	– Essay 2번 성장과정

Requirements • 거래선 및 유관부서와 원활한 소통을 위한 커뮤니케이션 역량 보유자(외국어 역량 포함) • 다양한 채널 및 데이터를 기반으로 시장상황과 트렌드를 분석할 수 있는 역량 보유자	▶ **Requirements + Pluses** – Essay 4번 직무역량(전문지식/경험) – Essay 1번 지원동기(지원 이유) – Essay 2번 성장과정(전공 선택 이유 + 지원동기와 연결)

Pluses

- 직무와 연관된 경험 보유자(프로젝트, 논문, 특허, 경진대회)
- 마케팅, 경영관련 기초 지식, 통계 지식 보유자

영업마케팅 직무에 합격한 F지원자는 경영학을 전공했다. 마케팅 전공 과목을 열심히 수강한 점, 영업부서에서 일한 아버지의 영향, 미국에서 5년을 생활한 경험 등을 활용하여 자소서를 작성했다. 공대생의 자소서와 비교하여 어떤 차이점이 있는지 참고하자.

Essay 4 | 전문지식/경험 + 적합한 사유

지원한 직무 관련 본인이 갖고 있는 전문지식/경험(심화전공, 프로젝트, 논문, 공모전 등)을 작성하고, 이를 바탕으로 본인이 지원 직무에 적합한 사유를 구체적으로 서술해 주시기 바랍니다. (1000자 이내)

〈영업현장 경험 + 마케팅/경영학 이론〉

1 시장/제품에 대한 이해를 바탕으로 차별화된 마케팅 전략을 수립하여 경영성과를 창출하는 전문가가 되겠습니다.

2 **1) 상황판단력 + 추진력 : 영업현장 3개월 경험**

K상사에서 3개월 동안 파트타임으로 근무했습니다. 전자수출팀 소속으로 마케팅 업무를 수행했습니다. 수출국가/고객사/경쟁사 정보를 수집, 정리하여 영업사원을 지원하는 역할을 담당했습니다.

책에서 배운 마케팅 이론과 영업 현장은 다르다는 것을 체감했습니다. 특히 영업 현장에서는 상황판단력과 추진력이 중요하다는 것을 배웠습니다. 이를 위해 필요한 마케팅 역량도 경험했습니다.

3 ① 시장수요 및 경쟁환경 분석

② 제품 포트폴리오 및 Product Life Cycle 관리

③ 마케팅 믹스(4P) 분석을 통한 매출계획 수립

2) 마케팅/경영관련 기초지식 습득

경영학을 전공하면서 경영학원론, 재무관리, 회계원리, 생산관리, 경영과학, 인사관리, MIS, 경영전략 등을 통해 경영관련 기초지식을 습득했습니다.

1 JD의 Role을 참고하여 작성

2 영업현장 경험을 강조

－2가지 키워드도 차별화가 된다.

▶ 면접으로 연결된 Case

－상황판단력과 추진력이 중요하다고 느낀 이유는?
－2개 중 더 중요한 것은?

3 3가지 모두 Role에 제시된 역량

▶ 면접으로 연결된 Case

－4P와 4C의 차이점은?
－반도체 마케팅에 많이 쓰는 Tool은?

4 특히 마케팅 직무에 대해서는 이론적인 지식은 물론 동호회 활동에도 참여했습니다.

① 4과목 12학점 이수 : 마케팅원리 마케팅관리, 마케팅조사, 마케팅전략

② '디지털 마케팅 3.0' 같은 마케팅 서적 구독

③ 마케팅 동호회 활동

3) 영어 회화역량 및 글로벌 마인드

학창 시절 미국에서 5년 간 생활했습니다. 덕분에 영어를 수준급으로 구사하고, 글로벌 문화 및 규범에 대한 이해도가 높습니다.

5 4) 반도체 시장/제품에 대한 이해

학부연구생 신분으로 반도체 회사인 H사의 용역과제를 보조했습니다. 이 과제를 수행하면서 반도체에 대한 시장동향, 제품 트렌드, 투자의 필요성 등을 이해하게 되었습니다. 반도체 회사의 경쟁요소는 기술 선도력과 투자의 타이밍이라는 것도 이해할 수 있었습니다.

---

4 마케팅 역량을 전달

– 이론 공부와 동호회 활동을 통한 역량을 어필했다.

5 반도체 이해도를 어필

– 반도체와의 인연 및 관심, 이해도를 전달했다.

Essay 2 | 성장과정

본인의 성장과정을 간략히 기술하되 현재의 자신에게 가장 큰 영향을 끼친 사건, 인물 등을 포함하여 기술하시기 바랍니다. (※ 작품속 가상인물 가능, 1500자 이내)

〈낯선 해외환경을 극복한 용기 : 자신감+도전정신〉

1. 미국 유학 초기의 어려움 극복

1 초기의 어려움을 구체적으로 설명

1 중학교 2학년 때, 5년 간 해외 주재원으로 일하신 아버지를 따라 가족 전체가 미국에서 생활했습니다. 유학 생활에 대한 기대와 달리 첫 학기 때 영어로 진행되는 적극적인 토론식 수업과 의무적으로 해야 하는 스포츠 활동에 잘 적응하지 못했습니다.

이를 극복하기 위해 매일 영어뉴스와 영문신문을 구독하여 영어실력을 쌓고, 근력운동과 달리기를 하며 체력을 길렀습니다. 또한 적극적인 의사소통을 하기 위해 상대방과 눈을 마주치며 대화하는 습관을 길렀습니다.

2 극복 노력을 구체적으로 설명
– '1학년 때', '2학년 때', '3학년 때'로 제시했다.

2 2. 적응하기 위한 도전 : 적극적인 스포츠/교내 활동

꾸준한 노력 끝에 고등학교 시절에는 미국학교 생활도 안정이 되었고 친구들도 많이 사귀게 되었습니다.

▶ 면접으로 연결된 Case
– 1, 2, 3학년 활동 중 제일 도움이 된 것은?

1) 1학년 때, 야구팀에서 실력은 부족했지만, 열정적인 노력과 솔선수범하는 팀워크 정신을 코치님으로부터 인정받아 코치상을 받았습니다. 이를 통해 열심히 노력하면 인정받을 수 있다는 것을 배우고 자신감을 갖게 되었습니다.

2) 2학년 때, 교우 상담원으로 선출되어 교내활동을 주관하고 학우들의 학교생활 적응을 도왔습니다.

3) 3학년 때, 수학 과외 도우미로서 학우들의 수학공부를 도왔고, 크로스컨트리팀 학교 대표로 활동했습니다.

유학생활에 잘 적응하여 고등학교를 졸업하고, 국내로 돌아와 H대학교 경영학과에 진학했습니다.

〈마케팅 전공 + 삼성반도체와의 만남 = 영업마케팅 전문가의 꿈〉

③ 1. 영업마케팅과의 만남 + 경영학/마케팅 전공

30년 가까이 영업부서에서 일하신 아버지로부터 영업마케팅에 관한 이야기를 자주 들었습니다. 아버지께서는 여러 사람을 만나고, 설득을 하는 것이 영업맨의 역할이기 때문에 다양하고 폭넓은 시야를 가지려는 노력이 중요하다고 말씀하셨습니다.

아버지는 이공계 전공이 아님에도 불구하고 퇴근 후에 기술과 제품에 대한 자료를 공부하셨습니다. 경제신문을 하루도 거르지 않고 구독하셨고, 다방면의 책들을 읽으시는 모습을 보면서 자랐습니다.

그 영향으로 저도 대학교에서 경영학을 전공하게 되었고, 특히 마케팅에 대한 지식을 쌓으면서 영업마케팅 전문가로서의 꿈을 가지게 되었습니다.

④ 2. 반도체 + 삼성반도체와의 만남

3학년을 마치고 4학년이 되면서 지도교수 연구실에서 6개월 동안 학부연구생을 경험했습니다.

이 때 반도체 회사인 H사의 용역과제를 보조하는 역할을 담당했습니다. 주제는 'H사 공장 증설의 파급효과 분석'입니다.

③ 아버지 사례를 강조

– 아버지로부터 영향을 받은 내용이 설득력 있다.
– Essay 1 지원동기와 연결했다.

▶ **면접으로 연결된 Case**

– 아버지께서 일하는 산업은?
– 아버지로부터 들은 실패 이야기는?

④ 삼성반도체와의 연결고리를 설명

– 반도체 용역과제를 강조했다.
– Essay 1 지원동기, Essay 4 직무역량과 연결했다.

▶ **면접으로 연결된 Case**

– 구체적인 분석 결과는?
– H사와 우리 회사의 차이점
  은?

이 과제를 도우면서 반도체 자료를 조사하고 정리했습니다. 대한민국 산업을 이끌어가는 반도체, 세계 반도체 시장에서 미래기술을 선도해가는 국내 반도체 업체들의 노력을 알았습니다. 특히 메모리 반도체에 이어서 비메모리 반도체를 세계 1등으로 육성하려는 삼성반도체의 비전도 확인하게 되었습니다.

⑤ **지원직무에 대한 확신을
   강조**

– 현장경험을 강조했다.
– Essay 4 직무역량과 연결했다.

⑤ 3. 영업현장 경험 3개월 : 영업마케팅에 대한 확신

K상사에서 3개월 동안 파트타임으로 일한 경험이 있습니다. 마케팅 업무를 수행하면서 영업사원을 지원하는 역할을 담당했습니다. 이 경험을 통해 영업마케팅 전문가로 성장하여 삼성전자 성장에 기여하고 싶다는 확신을 가지게 되었습니다.

삼성전자를 지원한 이유와 입사 후 회사에서 이루고 싶은 꿈을 기술하십시오. (700자 이내)

1 간결 명확한 소제목

1 〈미래/인생에 도전 : 최고의 영업이익률과 MS 창출〉

2 설득력 있는 지원동기

– Essay 2 성장과정과 연결했다.
– 영업이익률과 MS라는 구체적인 키워드도 어필했다.

▶ 면접으로 연결 Case

– 영업이익률, MS를 강조한 이유는?

2 Salesman인 아버지로부터 영업마케팅 스토리를 들으면서 성장했고, 경영학을 전공하며 마케팅 이론과 함께 삼성반도체를 만나게 되었습니다.

　삼성반도체가 미래의 기술/시장에 도전하는 것처럼 저도 제 미래와 인생에 도전하고 싶습니다. 차별화된 마케팅 전략을 수립하여 최고의 영업이익률과 Market Share를 창출하는 전문가가 되기 위해 노력해왔습니다.

3 지원노력 강조

– 노력의 성과 = 직무역량
– Essay 4 직무역량과 연결했다.

3 1) **K상사 영업현장 3개월 경험** : 시장수요 및 경쟁환경 분석, 제품 포트폴리오 및 Product Life Cycle 관리, 마케팅 믹스(4P) 분석을 통한 매출계획 수립
　2) **마케팅/경영학 습득** : 마케팅원리 마케팅관리, 마케팅조사, 마케팅전략 이수
　3) **영어 회화역량 및 글로벌 마인드**
　4) **반도체 시장/제품에 대한 이해**

〈반도체 Sales Engineer 전문가〉

4 목표(Goal) 제시

4 제 목표는 반도체에 대한 기술적인 지식과 시장 전문성을 갖춘 Sales Engineer가 되는 것입니다.

⑤ 이를 위해 입사 후, 반도체 기술과 제품을 철저히 습득하면서 선배들의 현장 경험과 지식을 전수받겠습니다. 10년 안에 반도체 시장상황과 트렌드를 분석할 수 있는 최고의 전문가로 성장하겠습니다.

이를 통해 삼성반도체의 기술력 초격차를 Sales 초격차로 만들어가겠습니다.

⑤ **계획(Plan) 설명**

– '입사 후', '10년 안에'와 같이 계획을 제시했다.

▶ **면접으로 연결 Case**

– Sales Engineer는 이공계 출신의 영업맨을 의미하는데, 지원자가 어떻게 될 수 있나요?

Essay 3 | 사회이슈 + 자신의 견해

최근 사회이슈 중 중요하다고 생각되는 한 가지를 선택하고 이에 관한 자신의 견해를 기술해 주시기 바랍니다. (1000자 이내)

1 반도체 관련 이슈

– 인문계 지원자로서 무난한 이슈를 선정했다.

1 〈사업의 틀을 바꾸는 삼성반도체 : 3가지 제언〉

삼성반도체는 HDD라는 틀을 깨고 SDD라는 새로운 틀로 시장을 선도하였습니다. 최근 일어나는 파운드리 업계의 초미세 공정 경쟁에 뛰어들며 다시 한 번 틀을 깨고 있습니다.

삼성반도체는 메모리에 치중된 사업 포트폴리오를 넓히기 위하여 '반도체 비전 2030'을 통해 비메모리 육성 계획을 발표했습니다. 그 중심에 파운드리가 있습니다. 파운드리 시장의 지난 시간은 **2** T사의 시대라고 해도 과언이 아닙니다. 하지만 과거와는 다르게 현재는 파운드리 업체간 공정 격차 확대, 기존 IDM 업체들의 포지셔닝 변화, 공정 세대의 전환기라는 틈이 생겼습니다.

2 경쟁사를 T사라고 표현

– 풀네임(TSMC)을 적지 않는 것이 좋다.

3 지원회사에 대한 관심을 표현

– 최근 이슈를 구체적으로 설명했다.

3 이에 따라 삼성반도체는 EUV를 통해 산업의 틀을 바꾸고 있습니다. 세계 최초로 EUV 7nm 공정 양산에 성공했습니다. 그 결과는 퀄컴 스냅드래곤 855 양산, AMD 와의 파트너십, Nvidia GPU 위탁생산으로 돌아오고 있습니다. 게다가 2019년 하반기 EUV 6nm 양산 시작, 5nm 제품 설계 완료, 2020년 EUV 4nm 공정 개발 완료로 최신 공정을 선도하고 있습니다.

4 자신의 견해를 명확히 제시

– 3가지 견해를 설명했다.

4 틀을 깨며 시장을 선도해온 삼성반도체의 미래를 위해 다음 3가지가 필요하다고 생각합니다.

1) 절대적인 기술우위 확보

기술력에서 초격차 전략을 유지해야 합니다. 경쟁사들이 넘볼 수 없는 차이를 만드는 것이 초격차입니다.

2) 끊임없는 혁신 추구

개선이 아니라 혁신이 지속되어야 합니다. 미래에 대비해 회사의 모든 자원을 과감하게 혁신해나가는 문화가 필요합니다.

3) 구성원들의 실력과 로열티

미래 성장을 주도할 수 있는 인재를 발굴/양성해야 합니다. 신입사원부터 중간관리자, 리더에 이르기까지 그에 걸맞는 실력과 로열티를 갖추어야 합니다.

▶ 면접으로 연결 Case
– 로열티의 의미는?
– 로열티가 필요한 이유는?

5 앞으로 저도 영업마케팅 직무에서 실력과 로열티를 갖춘 인재가 되어 회사 성장에 기여하겠습니다.

5 구성원의 일원이 되고 싶다는 입사의지를 표현

SK 자소서 주제를 분석해보고, 이제까지 배운 자소서 작성법을 실제로 어떻게
적용하는지 그 방법에 대해 알아보겠다.

SK 자소서 작성팁 및 Case

자소서 주제 분석(SK하이닉스)

자소서 주제 및 특징

- **1번: 자발적으로 최고 수준의 목표를 세우고 끈질기게 성취한 경험에 대해 서술해 주십시오.** (본인이 설정한 목표/ 목표의 수립 과정/ 처음에 설정했던 목표달성 가능성/ 수행과정에서 부딪힌 장애물 및 그 때의 감정/ 목표달성을 위한 구체적 노력/ 실제결과/ 경험의 진실성을 증명할 수 있는 근거가 잘 드러나도록 기술) (700~1000자 10단락)

- **2번: 새로운 것을 접목하거나 남다른 아이디어를 통해 문제를 개선했던 경험에 대해 서술해 주십시오.** (기존 방식과 본인이 시도한 방식의 차이/ 새로운 시도를 하게 된 계기/ 새로운 시도를 했을 때의 주변 반응/ 새로운 시도를 위해 감수해야 했던 점/ 구체적인 실행 과정 및 결과/ 경험의 진실성을 증명할 수 있는 근거가 잘 드러나도록 기술) (700~1000자 10단락)

- **3번: 지원 분야와 관련하여 특정 영역의 전문성을 키우기 위해 꾸준히 노력한 경험에 대해 서술해 주십시오.** (전문성의 구체적 영역(예. 통계 분석)/ 전문성을 높이기 위한 학습 과정/ 전문성 획득을 위해 투입한 시간 및 방법/ 습득한 지식 및 기술을 실전적으로 적용해 본 사례/ 전문성을 객관적으로 확인한 경험/ 전문성 향상을 위해 교류하고 있는 네트워크/ 경험의 진실성을 증명할 수 있는 근거가 잘 드러나도록 기술) (700~1000자 10단락)

- **4번: 혼자 하기 어려운 일에서 다양한 자원 활용, 타인의 협력을 최대한으로 이끌어 내며, Teamwork를 발휘하여 공동의 목표 달성에 기여한 경험에 대해 서술해 주십시오.** (관련된 사람들의 관계(예. 친구, 직장 동료) 및 역할/ 혼자 하기 어렵다고 판단한 이유/ 목표 설정 과정/ 자원(예. 사람, 자료 등) 활용 계획 및 행동/ 구성원들의 참여도 및 의견 차이/ 그에 대한 대응 및 협조를 이끌어 내기 위한 구체적 행동/ 목표 달성 정도 및 본인의 기여도/ 경험의 진실성을 증명할 수 있는 근거가 잘 드러나도록 기술) (700~1000자 10단락)

SK하이닉스의 자소서 주제에도 2가지 특징이 있다. 주제에 적합한 경험 스토리를 소주제까지 참고하여 구체적으로 작성하라는 것이다. [◀ p.88 작성법에서 연결]

① 4가지 주제 모두 경험을 요구한다.

    ◎ 주제 사이에 별다른 맥락이 없으니 주제에 적합한 경험을 뽑아내면 된다.

② 주제별로 6~8개의 소주제를 제시하고 있다.

    ◎ 모든 소주제를 포함시키려고 고민하지 말자. 예를 들어 8개 소주제를 1000자에 담으려면 1개 소주제당 125자를 적어야 한다. 그렇게 작성하면 스토리가 전개되지 않는다.

    ◎ 먼저, 3~4개의 중요한 소주제를 선정하자. 다음, 선정한 소주제를 STAR 기법으로 작성하면 된다.

주제 이해 및 작성팁

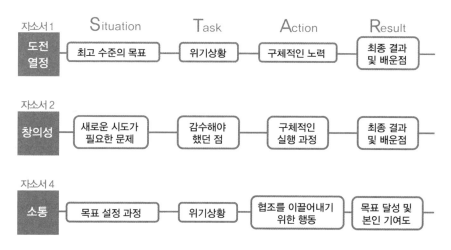

[SK 자소서 작성 가이드]

자소서 1: 최고 수준의 목표와 성취한 경험

일과 싸워서 이기는 패기를 전달하자. → 도전/열정

- (S) 설정한 목표: 제3자가 인정할 수 있는 최고 수준의 목표
- (T) 수행 과정에서 부딪힌 장애물: 어려움 또는 위기상황
- (A) 목표 달성을 위한 구체적인 노력: 끈질기게 성취하려는 행동
- (R) 실제 결과: 최종 결과 및 배운 점

자소서 2: 창의성으로 문제를 개선한 경험

창의성/아이디어를 활용한 문제해결역량을 전달하자.

- (S) 기존 방식과의 차이: 새로운 시도가 필요한 문제
- (T) 감수해야 했던 점: 부정적인 또는 소극적인 주변 반응
- (A) 구체적인 실행 과정: 새로운 방식 또는 남다른 아이디어 적용
- (R) 구체적인 결과: 최종 결과 및 배운 점

자소서 3: 직무 전문성을 키우려고 노력한 경험

작성팁①: STAR 기법으로 대표적인 직무 전문성을 작성한다. 석사의 경우, 주력 연구 과제를 구체적으로 설명하는 데 편리하다.

- (S) 전문성 영역: 직무역량 정의
- (T) 전문성 학습 과정: 투입한 시간 및 방법
- (A) 획득한 지식/기술: 구체적인 직무 전문성
- (R) 지식/기술 적용 사례: 전문성을 객관적으로 확인한 경험

작성팁②: KKK 작성구조를 활용하여 전문지식/경험을 나열식으로 작성한다. 필자는 이 방법을 추천한다. 2~3가지 직무 전문성을 명확하게 어필하는 것이 효과적이기 때문이다.

- ● (1K) 직무정의: JD의 Mission 참고
- ● (2K) 전문성: JD의 Task 또는 Activity, 행동역량 또는 Skillset 참고
  - ‒ 직무 관련 전문지식, 직무 관련 경험, 직무 관련 Tool 등
  - ‒ SK하이닉스의 JD에 상세하게 설명되어 있다.
- ● (3K) 포부: 직무 전문가로서 입사 후 20년 후의 목표(Goal)

자소서 4: 팀워크로 공동목표 달성에 기여한 경험

조직 성과에 기여하는 소통/협업 역량을 전달하자.

- ● (S) 목표 설정 과정: 혼자하기 어려운 이유, 자원 활용 계획
- ● (T) 구성원의 참여도 및 의견 차이: 어려움 또는 위기상황
- ● (A) 대응/협조를 이끌어 내기 위한 구체적 행동: 다양한 자원 활용, 타인 협력
- ● (R) 실제 결과: 목표 달성 정도 및 본인의 기여도

D지원자의 자소서 Case(SK하이닉스 양산기술 지원)

삼성전자 자소서의 Best Case로 소개한 D지원자의 SK하이닉스 자소서를 가져왔다. 삼성전자와 SK하이닉스에 모두 지원하는 학생들이 많은 만큼, 두 자소서의 공통점을 비교해 어떤 소재를 어떤 항목에 배치해야 하는지 감을 익히도록 하자. 그리고 차이점을 비교해 추가한 부분이나 생략한 부분이 어떤 것인지 살펴보면 좋겠다. [◀ p.120 자소서에서 연결]

※ 새로운 주제: 삼성 Essay에 없는 내용

✅ 자소서 1 I 최고 수준의 목표 + 성취 경험

자발적으로 최고 수준의 목표를 세우고 끈질기게 성취한 경험에 대해 서술해 주십시오. (본인이 설정한 목표/ 목표의 수립 과정/ 처음에 설정했던 목표달성 가능성/ 수행과정에서 부딪힌 장애물 및 그 때의 감정/ 목표달성을 위한 구체적 노력/ 실제결과/ 경험의 진실성을 증명할 수 있는 근거가 잘 드러나도록 기술) (700~1000자 10단락)

1 새로운 소재를 발굴

- 도전적인 프로젝트 경험을 소개했다.
- 소제목만 읽어도 높은 수준의 목표라는 것을 알 수 있다.

1 <누구도 하지 않은 시제품 구현 → 특허 출원>

설계 수업에서 전공지식으로 제품을 구현하였습니다. 수업은 자유 주제로 아이디어의 도안을 만드는 것까지였으나 저희는 거기에 머무르지 않고 시제품을 만들어 보는 것까지 도전하기로 하였습니다. '자가 충전방식과 온도조절이 가능한 텀블러'를 만들기로 했는데, 전자기학과 반도체공학에서 배운 패러데이의 법칙과 열전반도체를 이용하여 제품에 접목해 보았습니다.

2 지원자의 역할을 먼저 강조

- 3가지 기여도를 구체적으로 설명했다.

2 이 과정에서 저의 역할은 아래와 같았습니다.

1) 아이디어 제시 : 배운 것을 토대로 실제 제품을 구현해 보고 싶어 전공을 토대로 한 아이디어를 제시하였습니다.

2) 팀원 설득 : 아이디어를 구체화시켜 제품으로 만들어보자는 제안을 하고 팀원들을 설득하였습니다.

3) 지원금 협상/수령 : 지원금을 받을 수 있는 수업이 아니었으므로 교내 설계사업단에서 지원을 받기 위해 학과 사무실에서 발품을 팔며 담당자들을 설득하여 지원을 받게 되었습니다.

3 전공분야인 만큼 구현하기 쉽다고 생각했지만 과정은 험난하였습니다. 텀블러 내부 상단부에는 유도자석을 넣고, 하단부에는 열전반도체를 넣으려고 했지만, 납땜 난이도와 충전량 및 충전속도가 생각보다도 형편없었습니다. 이미 지원금액을 넘긴 상황에서 포기할까 생각했지만 팀원들과 함께 시작한 프로젝트여서 서로 격려해주면서 동기부여를 하였습니다.

3 문제 해결과정의 어려움을 강조
– 기술적인 문제에 직면한 경험을 제시했다.

4 그리고 그 과정에서 생긴 문제들을 분석하고 해결해 나갔습니다.

1) 텀블러에 내용물을 넣을 수 있는 공간과 영구자석의 크기가 Trade-off 관계여서 **실험을 통해 적정 크기를 찾았습니다.**

2) 전력을 충전하기 위해서는 유도자석을 많이 흔들어야 되었는데 그 과정에서 회로가 망가졌습니다. 충격이 전달되지 않게 **정밀한 접착 및 납땜 기술을 연마하여 해결했습니다.**

4 팀 전체의 해결과정을 소개
– 기술적인 문제에 대한 2가지 해결책을 강조했다.

5 결국 시제품도 완전하게 만들어 특허 등록도 성공적으로 마칠 수 있었습니다. 이 경험은 이론의 구체화를 통해 전공과 가까워지는 계기가 되었습니다. 이러한 경험으로 항상 집념을 가지고 문제를 능동적으로 해결하는 양산기술 엔지니어가 되겠습니다.

5 특허 등록에 성공
– 다른 팀과 차별화된 성과를 강조했다.

📖 **작성 Point**

✔ STAR 기법으로 스토리를 논리적으로 전개했다.
  – 다른 팀과 차별화된 목표, 수행 과정에서의 어려움이 느껴진다.
  – S + T = 1, A = 2 + 3 + 4, R = 5
✔ 특히 Action을 2가지로 구분하여 끈질기게 성취한 노력을 강조했다.
  – 자신의 역할 3가지 + 팀 전체의 문제 해결과정 2가지
✔ 삼성전자 자소서에는 없는 주제이기 때문에 새로운 소재를 발굴해서 작성했다.

자소서 2 I 창의적 문제 개선 경험

새로운 것을 접목하거나 남다른 아이디어를 통해 문제를 개선했던 경험
에 대해 서술해 주십시오.(기존 방식과 본인이 시도한 방식의 차이/ 새로운
시도를 하게 된 계기/ 새로운 시도를 했을 때의 주변 반응/ 새로운 시도를 위
해 감수해야 했던 점/ 구체적인 실행 과정 및 결과/ 경험의 진실성을 증명할
수 있는 근거가 잘 드러나도록 기술) (700~1000자 10단락)

1 〈대타 학원 운영 : 문제해결능력으로 위기 극복〉

　어머님 대신 학원 운영을 하면서 위기 발생 시 문제해
결능력을 발휘했습니다.

　대학교 3학년 때, 어머님이 운영하시는 학원사업을
떠맡게 되었습니다. 홀로 학원을 운영하시면서 과도하
게 목을 사용하시던 어머니는 발성장애가 오셨고, 학원
으로 생계유지를 하던 집은 난관에 봉착하게 되었습니
다. 1인 체제의 학원이어서 이를 대체할 일손이 없었고,
학원을 정리해야 하는 상황에 놓였습니다.

　하지만, 이 상황을 방관할 수 없어 제가 학원을 맡겠
다고 부모님께 말씀드렸습니다. 학원을 인수받으면서
몇 가지 문제점을 분석하고 해결책을 세웠습니다.

　1) **어머니 치료** : 큰 병원에서는 6개월 동안 쉬시면 나
아지신다고 하였지만, 그 이상 길어질 수도 있었으므로
개인 병원에 가서 매주 음성치료를 받게 하였습니다.

　2) **전문가 채용** : 혼자 하는 일인데도 학생이 30명 정
도로 많아 일의 효율이 부족할 것을 느껴 사람을 채용하

였습니다. 많은 인원들을 통솔하기에는 경험이 부족했기 때문에 값싸고 전문성이 떨어진 사람이 아닌, 비싼 노동력에 업계 경력이 있는 사람을 채용하였습니다.

3) 상담/피드백 시스템 구축 : 힉생 개개인의 특성이 달라 지속적인 상담을 필요로 하였습니다. 부모님=고객들에게 학원에 대한 점, 매월 평가를 통한 지속적인 점수 관리, 학원 시스템에 관한 점들을 피드백으로 반영하였습니다. 한 사례로, 아이가 꾸준히 등원을 하는지 걱정하시는 분들이 많으셔서 출결관리시스템을 전문업체와 연동하여 관리하게끔 하였습니다.

2 [이를 통해 부모님들과 신뢰감을 형성할 수 있었습니다. 6개월 후, 원생을 150% 증가시켰고 최대한의 효과를 낼 수 있는 시간대에 맞는 그룹과외시스템으로 체제를 변경하였습니다.]

2 이 부분은 삭제
– 아래 내용으로 수정했다.

3 변화된 운영방식으로 저의 대학교 학업시간을 줄여야 했지만, 학업을 수행하는 것보다 수행할 수 있는 금전적 환경이 먼저 조성이 되어야 한다고 판단하여 학업에 투자하는 시간을 감수해야 했습니다.

학부모님들은 운영방식의 변화로 처음에는 의아해하셨지만, 향상된 시험 성적으로 증명하니 믿고 따라주셨습니다. 그 결과 학부모님들과 신뢰감을 형성할 수 있었습니다.

6개월 후, 원생을 150% 증가시켰고, 어머니의 복귀로 부원장 직을 내려놓았습니다. 이후로 지금까지 저는 학원 내 강사로 활동하고 있습니다.

3 새로 작성한 내용
– 글자 수가 1000자이기 때문에 상세하게 설명할 수 있다.
– 결과와 배운 점을 강조했다.

4 엔지니어는 어제와 싸워가는 직업입니다. 혁신적인 생각으로 어제보다 나은 오늘을 추구하는 것이 엔지니어의 자세입니다. 어제에 안주하지 않는 도전정신으로 어제보다 나은 오늘의 양산기술 엔지니어가 되겠습니다.

📖 작성 Point

✔ 삼성전자 Essay 2번의 주제를 활용했다.
  – 1000자까지 작성할 수 있기 때문에 마무리 부분(결과와 배운 점)을 추가하여 스토리를 완성했다.
✔ 실행과정에서의 어려움, 즉 학업에 투자하는 시간을 감수했다고 설명했다.
  – 실제 면접에서 낮은 학점에 대한 질문이 있었고, 자소서 내용을 근거로 불가피한 이유를 설명했다.
✔ 문제를 해결한 결과를 구체적으로 제시했다.
  – 원생들의 시험성적 향상 → 6개월 후 원생이 150% 증가

✅ 자소서 3 I 직무 전문성 향상 노력 경험

※ 삼성 Essay 4번의 주제를 활용

지원 분야와 관련하여 특정 영역의 전문성을 키우기 위해 꾸준히 노력한 경험에 대해 서술해 주십시오. (전문성의 구체적 영역(예. 통계 분석)/ 전문성을 높이기 위한 학습 과정/ 전문성 획득을 위해 투입한 시간 및 방법/ 습득한 지식 및 기술을 실전적으로 적용해 본 사례/ 전문성을 객관적으로 확인한 경험/ 전문성 향상을 위해 교류하고 있는 네트워크/ 경험의 진실성을 증명할 수 있는 근거가 잘 드러나도록 기술) (700~1000자 10단락)

1 [〈소자+공정+광학 = Lithography 엔지니어〉

공정기술은 신제품 양산 최적화 및 공정 단순화를 통한 공정 개선을 시키는 업무입니다. 이는 곧 제품의 경쟁력과 직결되는 분야입니다. 그 중에서도 Lithography 공정은 제품의 사이즈를 결정하는 가장 핵심적인 공정입니다. 전자과에서 배운 소자, 공정 지식과 광학을 통해 배운 지식을 토대로 Lithography 공정을 선도하고 싶습니다.]

1 이 부분은 삭제
- 아래의 내용으로 대체했다.

2 〈소자 + 공정 + 광학 : 최적의 포토공정 엔지니어〉

양산 과정에서의 포토공정 최적화를 위해 소자, 공정, 반도체 Tool, 광학, SEM, TEM, 6sigma를 통한 종합적인 분야를 공부해왔습니다.

2 새로 작성한 내용
- SK하이닉스의 직무내용에 맞게 수정했다.

3 1) TCAD를 이용한 소자 제작

반도체공학, 공정지식을 기반으로 1년 간 Atlas Tool을 이용해, 1학기에는 Short channel effect를 해결하기 위한 SOI, DG MOSFET 등을 만들고 2학기에는 CTF를 기반으로 한 Ferroelectric SONOS 구조를 만들면서 소자에 대한 이해도를 높였습니다.

3 이후는 삼성 Essay 4번 활용
- 삼성의 공정기술과 유사한 직무이기 때문에 활용이 가능하다.

Tool을 사용하면서 Energy band diagram을 이해하는데 중점에 두었고, 공정 parameter가 바뀔 때, band의 변화, 수율 개선을 위해 하는 일에 대해 확인할 수 있었습니다. 또, Tool을 토대로 소자의 구조와 동작 원리에 대해 익혔습니다.

2) 광기술교육센터, 나노기술원에서 Lithography 이해

Lithography 전문가가 되기 위해 광기술교육센터와 나노기술원에서 기하광학과 파동광학을 공부하였습니다. 공정 실습을 할 때, 노광시간을 초과해 소자가 망가지는 것을 보고 Lithography 공정의 중요성을 느꼈습니다.

이를 계기로 학교와 전문연구소에서 광학교육을 이수하면서 렌즈에 대해 깊게 공부할 수 있었습니다.

3) 반도체설계교육센터에서 MOSFET 공정 경험

반도체 공정실습 후에 반도체설계교육센터에서 CMOS 공정 및 MOSFET 공정에 대한 교육을 받았습니다.

SEDEX, SEMICON 등에 참가하여 기술 트렌드에도 관심을 기울였습니다. 또한 6시그마 GB/BB 교육을 통해 공정상의 산포 관리에 대해 이해할 수 있었습니다.

4 이 부분은 삭제

– 아래의 내용으로 대체했다.

4 [Lithography 공정에 대한 이해를 바탕으로 단순한 노광의 반복이 아닌, 최고 효율의 노광공정을 만들어가는 엔지니어가 되겠습니다.]

5 새로 작성한 내용

– SK 직무에 맞게 수정했다.

5 양산기술 직무에서 포토공정은 defect 분석이 굉장히 중요합니다. 소자, 공정, 광학 지식으로 SEM, TEM을 사용하여 불량 분석과 6sigma을 통한 생산 flow 최적화를 추구하여 구체적인 수율의 극대화를 추진하는 엔지니어가 되겠습니다.

✔ KKK 작성구조를 활용하여 3가지 전문성을 명확하게 강조했다.
  － 1K = 2, 2K = 3, 3K = 5

✔ 삼성전자의 Essay 4번 주제를 활용하면서 SK하이닉스 양산기술의 JD를 반영했다.
  － 1K : 양산기술 지원동기를 간결하게 전달
  － 3K : 양산기술 엔지니어로서 입사 후 포부를 강조

※ 새로운 주제 : 삼성 Essay에
없는 내용

자소서 4 I 공동 목표 달성 기여 경험

혼자 하기 어려운 일에서 다양한 자원 활용, 타인의 협력을 최대한으로 이
끌어 내며, Teamwork를 발휘하여 공동의 목표 달성에 기여한 경험에
대해 서술해 주십시오. (관련된 사람들의 관계(예. 친구, 직장 동료) 및 역할/
혼자 하기 어렵다고 판단한 이유/ 목표 설정 과정/ 자원(예. 사람, 자료 등) 활
용 계획 및 행동/ 구성원들의 참여도 및 의견 차이/ 그에 대한 대응 및 협조를
이끌어 내기 위한 구체적 행동/ 목표 달성 정도 및 본인의 기여도/ 경험의 진
실성을 증명할 수 있는 근거가 잘 드러나도록 기술) (700~1000자 10단락)

1 새로운 소재를 발굴

– 프로젝트 과정에서의 팀워크
경험을 소개했다.

1 <역할 분배를 통한 통합 : 성격유형검사 활용>

　설계 프로젝트로 CTF를 구현했습니다. 주제는 효율
적인 메모리 소자를 구현하는 프로젝트였습니다.

　팀원들과 일면식이 없는 관계에서 조장을 맡게 되었
습니다. Atlas tool 토대로 메모리 설계를 진행하였는
데 기존에 없던 구조를 설계하는 작업이어서 혼자 진행
하기 힘든 주제였습니다. 또한 수십~수백 번이 되는 시
뮬레이션을 필요로 하는 작업이어서 작업을 진행하기에
시간을 너무 많이 소요하였습니다.

2 조장의 역할을 강조

– 조장으로서 제시한 2가지 해
결책을 강조했다.

2 주제 선정 시, 처음 몇 시간은 새로운 소재를 찾아낼
생각에 논문을 찾으며 헤맸습니다. 답이 나오지 않는 상
황에서 저는 조장으로서 몇 가지 해결책을 제시하였습
니다.

　1) **주제 선정** : 수업에서 CTF에 대해 배웠으니 dipole
들을 더 잘 배열하기 위해 배웠던 전자기학을 응용해 강
유전체를 사용하여 설계하자고 제시하였습니다.

3 2) MBTI를 통해 역할 분담 : 조원들의 일처리 효율과 단합을 목적으로 성격유형검사 MBTI를 적용했습니다. 성격유형에 따라 논문 분석, 코딩, 시뮬레이션 구동, 보고서 작성 분야로 나누어서 프로젝트를 진행하였습니다.

MBTI 검사지 공유는 저녁을 먹으며 진행하였는데, 결과지를 돌려보면서 서로의 재미있는 면과 성격에 대해 자세히 알 수 있었습니다.

4 이를 통해 서로 다른 성격의 조원들이 모여 친밀감과 일의 효율도 같이 높일 수 있게 되었습니다. 각자 잘 하는 분야를 찾아 효율적으로 일을 진행하니 진행도 빨라지게 되었습니다. 또한, 서로 피드백을 주기적으로 실시하였는데, 친분이 쌓인 상태여서 피드백이 훨씬 수월해졌습니다.

5 결과적으로 전자기학을 설계에 응용할 수 있는 안목을 얻었고, 전압 측면에서 전하 저장이 아닌 재료 측면에서 전하 저장을 이해하게 되었습니다. 또한 Retention 특성을 20% 개선했을 뿐만 아니라 효율적인 팀워크를 알게 된 수업이었습니다.

엔지니어는 협업을 토대로 일을 진행하는 조직입니다. 프로젝트 과정에서 배운 협업의 자세로 부서원들과 효율적으로 임무를 수행하는 인재가 되겠습니다.

3 MBTI 활용이 핵심
- 이를 통해 조원들 간의 친밀도를 형성했음을 강조했다.
- MBTI라는 간단한 내용을 재미있는 스토리로 완성했다.

4 조원들의 친밀도가 효율성으로 연결

5 팀워크의 중요성 이해
- 팀워크를 통한 특성 20% 개선의 효과를 어필했다.

📖 **작성 Point**

✔ KKK + STAR 구조를 활용하여 간결하게 작성했다.
  - S + T = 1, A = 2 + 3 + 4, R = 5
✔ MBTI 성격유형검사라는 간단한 Tool을 재미있는 스토리로 완성했다.
  - 팀원들 간의 친밀도를 형성한 다음 프로젝트를 진행한 결과, 목표한 결과물을 성취한 과정이 잘 표현되어 있다.
✔ 삼성전자 자소서에는 없는 주제이기 때문에 새로운 소재를 발굴해서 작성했다.

G지원자는 화학공학과 함께 반도체 관련 전공과목을 다수 수강한 학생으로 높은 학점을 받았다. 자소서 1번에 장학금을 받기 위한 노력을 적었고, 3번에는 NCS 반도체 교육과정과 반도체 공정실습을 통해 쌓은 직무역량을 어필했다. 2번과 4번은 팀 프로젝트 경험을 적었다. 전형적인 공대생의 자소서라고 생각하면 된다.

그리고 G는 화학공학을 전공했지만 석유화학 산업보다 반도체 산업을 1순위, 이차전지 산업을 2순위로 타깃을 정하고 취업 준비를 해왔다. 그 점도 참고하여 지소서를 살펴보자. [◀ p.18 취업설계에서 연결]

✔ 자소서 1 | 최고 수준의 목표 + 성취 경험

자발적으로 최고 수준의 목표를 세우고 끈질기게 성취한 경험에 대해 서술해 주십시오. (본인이 설정한 목표/ 목표의 수립 과정/ 처음에 설정했던 목표달성 가능성/ 수행과정에서 부딪힌 장애물 및 그 때의 감정/ 목표달성을 위한 구체적 노력/ 실제결과/ 경험의 진실성을 증명할 수 있는 근거가 잘 드러나도록 기술) (700~1000자 10단락)

1 소재에 대한 고민

- 장학금이란 소재는 추천하지 않는다.
- 하지만 남다른 학습방법은 설득이 되기 때문에 선택한 사례이다.

▶ **면접으로 연결 Case**

- 장학금 이외의 다른 도전 사례를 소개해주세요.

1 〈평점 4.37로 첫 장학금 : 학습방법 개선〉

군 전역 후, 2학기에 복학하는 동기 5명과 전공 기초가 탄탄한 화학공학 전공자가 되어 졸업하자는 계획을 세웠습니다. 모두가 성적 장학금을 받는 것을 목표로 'TOPS'라는 이름으로 채팅방을 만들었습니다.

그러나 복학 후, 첫 학기는 총 평점 3.88로 그 목표를 이루지 못했습니다. 생각보다 장학금을 받기가 쉽지 않음을 깨닫고 학습 방법에 변화를 줄 필요가 있다고 생각했습니다. 그리고 다른 'TOPS' 동기들과 다음 3가지를 실천하여 전공 성취도를 높였습니다.

2 차별화된 3가지 학습방법을 제시

- 이론을 판서로 설명 → 다양한 자료 공유 → 질문내용을 고민/정리하는 방법을 설명했다.

2 1) 전공이론을 화이트보드 판서로 서로에게 설명

머릿속에만 있던 전공 개념들을 직접 설명함으로써 개념 간의 논리적 흐름을 잘 정립할 수 있었습니다. 또한 서로 잘못 인지하고 있는 개념을 바로잡아줄 수도 있었습니다.

2) 전공 논문, 유튜브 등 다양한 자료 공유

이를 통해 실험으로 확인할 수 없는 전공 이론에 대해 관련 실험논문을 참고하여 이해를 높일 수 있었습니다. 동영상 자료를 통해서는 눈으로 확인하기 어려운 Vapor

와 Liquid Chemical 흐름이 온도, 압력, 장비 내부 구조 등의 변수에 따라 어떤 양상으로 달라지는지 고민해 볼 수 있었습니다.

3) 강의 전에 질문 내용을 충분히 고민/정리

미리 정리한 질문으로 수업 중간이나 쉬는 시간 등 짧은 시간 동안 교수로부터 최대한 구체적인 피드백을 받을 수 있었고, 교수 또한 질문 요점이 명확하니 답변을 주기 편하다고 했습니다.

3 결국 3학년 1학기 과에서 평점 4.37로 2등을 하면서 인생의 첫 장학금을 받을 수 있었습니다. 'TOPS' 채팅방에 있던 다른 두 명의 동기들도 장학금을 받았습니다. 이후로도 전공 수업에 더 재미를 붙일 수 있었고 좋은 학습 습관을 유지하면서 3학기 연속으로 장학금을 받을 수 있었습니다.

3 명확한 성과를 제시
- 첫 장학금이라는 결실을 어필했다.
- 5명의 멤버 중 3명이 장학금에 성공함을 통해 증명할 수 있다.

✔ 자소서 2 l 창의적 문제 개선 경험

새로운 것을 접목하거나 남다른 아이디어를 통해 문제를 개선했던 경험에 대해 서술해 주십시오. (기존 방식과 본인이 시도한 방식의 차이/ 새로운 시도를 하게 된 계기/ 새로운 시도를 했을 때의 주변 반응/ 새로운 시도를 위해 감수해야 했던 점/ 구체적인 실행 과정 및 결과/ 경험의 진실성을 증명할 수 있는 근거가 잘 드러나도록 기술) (700~1000자 10단락)

1 간결한 소제목

– 소제목만 읽어도 창의성이 명확히 전달된다.
– 팀 프로젝트 경험을 소개했다.

1 〈New 분리 모델식 적용 : 전공책에 없는 이론〉

　4학년 1학기 분리공정설계 과목에서 '화학공장의 Distillation Column' 팀 설계 프로젝트를 수행했습니다. Column의 원료로 들어가는 혼합물의 특성에 따라 적절한 열역학적 모델을 선정하는 것이 가장 중요했습니다.

▶ **면접으로 연결 Case**

– 그 이론은 왜 전공책에 없었는지?
– 교수님의 반응은?

　우선 Column 원료에 포함된, 벤젠고리에 작용기가 여럿 붙어있는 물질들의 분자 간 Interaction을 고려해야 한다고 생각했습니다. 그래서 인터넷으로 분리공정에 대한 이론들을 찾아보았습니다. 분자를 작은 작용기 단위로 쪼개어 상대적인 휘발도를 계산하는 'UNIFAC Correlation'이라는, 프로젝트 설계조건에 가장 맞는 모델식을 발견하였고 조원들에게 제안했습니다.

2 전공책에 없는 모델식을 강조

– 팀원들의 반대 의견도 설명했다.

2 그러나 팀원들은 온갖 기호와 첨자들이 가득해서 복잡하고 어려워 보이는데 굳이 전공책에 없는 식을 사용할 필요가 있겠냐고 하였습니다. 그래서 식에 대한 충분한 학습 후에 다음과 같은 과정으로 팀원들을 설득했습니다.

③ 1) 모델식의 적합성부터 설명

원료 혼합물 각 성분을 모델 식에 정의된 작용기들로 어떻게 분해하는지 예시를 들어서 식의 적용 가능성을 보였습니다.

2) 최종 설계까지 전체적인 계산과정 설명

전공책에 있는 식으로 계산할 때와의 차이점을 설명하고, 조원들이 식에 대해 의문을 갖는 사항들을 해결해 주었습니다.

3) Excel 계산 파일을 만들어 계산방법 시연

직접 Column 상부에 대한 Excel 계산 파일을 만들고, 온도를 바꾸면서 쉽게 계산이 가능함을 보였습니다. 반복적으로 3차 방정식을 계산기로 풀어야함과 달리, Excel 계산식 파일만으로도 충분히 구할 수 있었기 때문에 Try & Error 법으로 빠른 계산이 가능했습니다.

④ 결국 조원들과 함께 Column 하부와 원료 단에 대해서도 계산식을 차례대로 완성하여 실제 설계치와 3% 내 오차의 정교한 설계를 할 수 있었습니다.

③ 3단계 설득과정을 자세히 설명

- 적합성 설명 → 계산과정 설명 → 계산방법 시연의 과정을 설명했다.

④ 성공적인 결과 제시

- 3% 내 오차의 정교한 설계 결과 도출을 어필했다.

지원 분야와 관련하여 특정 영역의 전문성을 키우기 위해 꾸준히 노력한 경험에 대해 서술해 주십시오. (전문성의 구체적 영역(예. 통계 분석)/ 전문성을 높이기 위한 학습 과정/ 전문성 획득을 위해 투입한 시간 및 방법/ 습득한 지식 및 기술을 실전적으로 적용해 본 사례/ 전문성을 객관적으로 확인한 경험/ 전문성 향상을 위해 교류하고 있는 네트워크/ 경험의 진실성을 증명할 수 있는 근거가 잘 드러나도록 기술) (700~1000자 10단락)

〈소자/공정 Issue를 해결하는 엔지니어〉

1 지원직무 정의

– 지원직무를 정의하고, 그에 적합한 전문성을 어필했다.

1 양산/기술 직무는 제품별 요구되는 Spec에 맞게 공정 Defect 관련 Issue를 신속히 해결하고 수율을 극대화하는 역할을 합니다. 저는 반도체 소자 특성 및 단위공정을 이해하고 있고, 반도체 공정실습을 통해 양산/기술 직무에 적합한 전문성을 키웠습니다.

1) 반도체공학 + NCS 반도체교육 + 현직자 대화

3학년 2학기에 반도체공학 과목을 수강하였습니다. 강의를 통해 PN Junction, Capacitor, MOSFET 등의 소자구조과 구동원리, 반도체 제조 공정의 단위공정들에 대해 학습했습니다.

2 현직자의 고민을 이해하려는 노력 전달

2 현직자 출신 엔지니어들이 강의하는 NCS 반도체 직무교육 강의를 수강했습니다. 한 명의 현직자로서 업무를 하기 위해서는 현직자가 현업을 하면서 겪는 고민은 무엇일까 이해할 필요를 느꼈기 때문입니다.

3 현직자와 기술적인 대화가 가능하다는 점을 어필

3 이를 통해 반도체 산업분야에 취업한 학교 선배들과 반도체 산업 전시회, 직무 체험의 장 등의 행사에서 현직자들과 대화할 때, 반도체 전공과 산업에 대해 이해한 내용을 명확히 전달할 수 있었고 궁금증을 해결할 수 있었습니다.

2) 반도체 공정실습 : 공정변수 경험

4학년 2월에 명지대학교에서 반도체 공정실습 기회를 얻었습니다. Clean, Sputtering, Photo, Wet Etch 각 공정을 거치면서 관찰된 Wafer 위의 구조에 대한 분석을 했습니다.

4 자동화 설비가 아닌 수동 설비를 이용함으로써, 제품 양산을 위해 각 공정 장비의 Chamber의 구조와 환경, Machine Arm의 이동경로 등, 제어해야 할 공정변수들에 대해 더 깊게 고민해볼 수 있었습니다. 하나의 Die 패턴에 대해, 중심과 Edge의 PR 두께가 다른 이유가 Photo 공정 중 PR Coating에 있는지 Bake에 있는지, 그 외 공정에 있는지 변수를 줄여 나갈 수 있었습니다.

이를 통해 SK하이닉스에서 양산/기술 직무를 담당하여, 공정 Issue들에 대해 원인 변수를 생각하고 신속히 해결하여 제품 수율을 증가시킬 수 있는 역량을 키웠습니다.

▶ 면접으로 연결 Case

– 공정실습 기간은?
– 3일짜리 실습으로 충분한지?
– 가장 흥미를 느낀 공정은?

4 공정변수에 대한 이해를 강조

– 이를 통해 소자/공정 Issue를 해결하는 엔지니어로 성장하겠다는 의지를 전달했다.

PART

4

기업별 자소서

혼자 하기 어려운 일에서 다양한 자원 활용, 타인의 협력을 최대한으로 이끌어 내며, Teamwork를 발휘하여 공동의 목표 달성에 기여한 경험에 대해 서술해 주십시오. (관련된 사람들의 관계(예. 친구, 직장 동료) 및 역할/ 혼자 하기 어렵다고 판단한 이유/ 목표 설정 과정/ 자원(예. 사람, 자료 등) 활용 계획 및 행동/ 구성원들의 참여도 및 의견 차이/ 그에 대한 대응 및 협조를 이끌어 내기 위한 구체적 행동/ 목표 달성 정도 및 본인의 기여도/ 경험의 진실성을 증명할 수 있는 근거가 잘 드러나도록 기술) (700~1000자 10단락)

〈적극적인 소통 : 열전달 계수 오차 1% 실현〉

1 팀워크가 필요한 프로젝트를 설명

– 이전의 실패를 극복하려는 노력도 전달했다.
– 프로젝트의 목적/절차 공유의 필요성을 인식했음을 강조했다.

1 3학년 2학기, 열 및 물질전달 과목의 팀 설계 프로젝트 경험이 있습니다. 설계조건에 맞는 열교환기를 설계하고 실제 열교환기 제품의 Spec과 비교하는 정밀한 설계를 요구했기 때문에, 팀원들의 단합이 필요하다고 생각했습니다. 때문에 이전 프로젝트 사례에서 팀원들 간 적극적인 의사교환이 되지 않았던 이유를 생각해 보았고, 이는 팀원들이 프로젝트의 목적과 절차를 정확히 인지하지 못했기 때문이라 생각했습니다.

2 프로젝트의 목적, 절차를 2단계로 설명

– 기획안 작성 → 절차 가시화 2단계로 자세히 설명했다.

2 1) 프로젝트 기획안 작성을 제안

설계 목표 Spec과 제한조건을 명시하고 그에 따른 열전달계수 계산 순서와 참고할 전공서적 및 논문, 각 과정에서 간과할 수 있는 사항들을 미리 의논하여 중간에 계산을 수정하는 불필요한 시간 비용을 최소화하려 했습니다.

2) Excel 계산식을 통해 계산 절차를 가시화

이를 통해 팀원들의 계산 편의를 도왔습니다. 팀원들

이 열교환기의 수직, 수평상태, 열 전달 유체의 상 변화 발생지점 등 설계 조건에 적합한 식들을 찾으면 그에 해당하는 Excel 계산식을 만들었습니다. 장치 각 파트의 부분식들로 구성하여, 팀원들이 중간 Parameter 들의 계산치의 오류를 쉽게 확인하고 즉각 토론을 통해 해결 가능하도록 했습니다.

3 처음 계산된 최종 Spec은 실제 장치와 큰 차이를 보였습니다. 그러나 팀원들이 프로젝트 기획안을 공유하고 있었기 때문에 각자 어떤 계산파트가 잘못되었다고 생각하는지 적극적으로 의견을 말할 수 있었습니다.

4 이를 통해 전공 이론식의 검토와 각 부분식의 기여도 순위를 평가하여 문제 접근 순서를 결정할 수 있었고, 결국 열교환기의 Shell 측 열전달 계수를 구할 때 Shell 측 유체와 Tube 외벽의 온도 차 적용이 잘못되었음을 알았습니다.

이후 반복적인 Excel 수식 검토를 통해 실제 장치와 열전달 계수 오차가 1% 내로, 모든 팀 중 실제 열교환기에 가장 가까운 설계를 해냈습니다.

3 정보 공유의 효과

– 문제점에 대해 적극적으로 소통했음을 어필했다.

4 소통을 통한 문제 해결을 어필

LG 자소서 주제를 분석해보고, 이제까지 배운 자소서 작성법을 실제로 어떻게 적용하는지 그 방법에 대해 알아보겠다.

LG 자소서 작성팁 및 Case

자소서 주제 및 특징

- 1번 : My Competency: 지원분야/직무에 대한 지원 동기와, 해당 분야/직무를 위해 어떤 준비를 해왔는지 소개해주세요. (100~700자)
  - Guide〉 지원분야/직무를 위해 노력한 내용(전공, 직무경험 등)과, 이를 통해 본인이 어떠한 역량을 길렀는지를 중심으로 기술해주시기 바랍니다.
- 2번 : My Story: 본인의 특성 및 성격(장점/보완점)을 자유롭게 기술해주세요. (100~500자)
  - Guide〉 구체적인 사례를 바탕으로 진솔하게 기술해주시기 바랍니다.
- 3번 : My Vision: LG화학에서 이루고 싶은 나만의 꿈과 비전을 소개해주세요. (100~500자)
  - Guide〉 LG화학에서 본인이 기대하는 미래의 모습과 계획을 바탕으로 기술해주시기 바랍니다.

LG화학 자소서 주제는 타사와 비교해서 단순하지만 3가지 특징이 있다.
[◀ p.88 작성법에서 연결]

① 인성과 관련된 주제가 중요하다

- 본인의 특성 및 성격, 구체적으로 장점 및 보완점은 인성을 검증하기 위한 전통적인 주제이다.
- LG는 인성검사를 중시하는 회사이다. 인성검사 결과만으로 탈락시키는 사실을 생각하면 이해가 될 것이다.

② 세부 작성 가이드가 있다.

- 작성 가이드를 꼭 참고하여 경험 중심으로 작성하자.

③ 글자 수가 500~700자로 상대적으로 적다.

   ⊙ 이 같은 짧은 자소서가 작성하기 더 어렵다. 몇 문장을 쓰다보면 금방 글자 수가 넘치기 때문이다.

   ⊙ STAR 기법에 얽매이지 말고 KKK 구조로 간결하게 작성하는 것이 좋다.

주제 이해 및 작성팁

자소서1 **직무 지원동기**	자소서2 **특성 및 성격**	자소서3 **꿈과 비전**

• 직무 지원동기
• 직무를 위해 노력한 내용
  → 직무역량
	• 자신을 상징하는 특성
	• 장점 및 보완점
		• 입사 20년 후의 목표
		• 목표 실현을 위한 단계
		  적인 계획

JD 참고
• 직무소개
• 필요역량

• 장점 : 회사/직무와 연관
• 단점 : 인재상/직무와 무관
       보완 노력 어필

[LG 자소서 작성 가이드]

자소서 1: 직무 지원동기 + 직무 준비 경험

직무 관련 전공/직무경험을 어필하자.

   ⊙ 직무 지원동기: JD의 Role 참고

     − 가치관, 전공, 직무 등과 관련하여 작성하자.

   ⊙ 직무를 위해 노력한 내용 → 직무역량: JD의 필요역량 참고

     − 전공 학습, 직무경험 (프로젝트, 논문, 특허, 경진대회 등)

   ⊙ 700자에 2가지 주제를 작성: 간결하게 작성

자소서 2: 특성 및 성격(장점 및 보완점)

구체적인 사례를 진솔하게 전달하자.

- 특성: 자신을 상징하는 특성
- 성격상의 장점/보완점: 구체적인 사례로 진솔하게 작성
  - 장점: 회사/직무와 연관성이 있는 장점. 또는 타인이 보는 장점도 좋다.
  - 단점: 인재상/직무와 무관하고 개선 가능한 단점을 제시하자. 보완노력도 어필하는 것이 좋다.
- 500자에 맞게 핵심만 작성
  - 장점 400자 + 보완점 100자로 구성하면 된다.

자소서 3: 회사에서의 꿈과 비전

자신이 기대하는 미래의 모습과 계획을 소개하자.

- 미래의 모습
  - 지원 직무의 전문가로서 입사 후 20년 후의 목표(Goal)를 제시하자.
- 단계적인 계획
  - 그 목표를 실현하기 위한 단계적인 계획(Plan)도 제시하면 좋다.
- 500자에 맞게 핵심만 작성
  - 목표 100자 + 단계적인 계획 400자로 작성하자.

전지사업본부 경영전략 직무에 합격한 J지원자의 Case를 살펴보자.

J는 화학공학을 전공한 학사 졸업자이다. 그런데도 기술 직무가 아니라 경영전략 직무을 지원한 이유는 경영학을 부전공했기 때문이다. 화학공학에서 배운 전지 지식과 경영학 관점을 더해 전략가로서 LG화학의 미래를 설계하겠다는 꿈을 강조했다.

엔지니어 직무가 아닌 경영지원이나 영업마케팅 직무로 지원하려는 이공계 학생들이 참고하면 좋을 듯하다. [◀ p.18 취업설계에서 연결]

My Competency: 지원분야/직무에 대한 지원 동기와, 해당 분야/직무를 위해 어떤 준비를 해왔는지 소개해주세요. (100~700자)

- Guide> 지원분야/직무를 위해 노력한 내용(전공, 직무경험 등)과, 이를 통해 본인이 어떠한 역량을 길렀는지를 중심으로 기술해주시기 바랍니다.

1 경영전략 직무에 적합한 역량 제시

– '전지기술 이해도'와 '경영전략 역량'을 제시했다.

1 [전지특성실험 졸업논문 + 2가지 경영전략 역량]

5G와 IoT, 자율주행 및 친환경차, 연료전지시스템 등 지속적으로 전지산업 트렌드가 변화하고 있습니다. 저는 화학공학을 전공하면서 배운 전지에 대한 전공지식을 기반으로, LG화학 전지사업본부의 미래 방향을 제시하는 업무를 수행할 수 있습니다.

1) 에너지공학/물리화학 + 졸업논문 : 전지 이해도

2 졸업논문을 통해 전지기술 이해도를 어필

2 졸업논문으로 연료전지 Cathode Catalyst 후보군인 Graphene Oxide의 열처리 온도별 전기화학적 특성 실험을 진행했습니다.

각 샘플에 대해 Cyclic Voltammogram을 측정하여 전극의 Capacitance를 계산했습니다. 전극 자체가 산화 환원 반응하지 않는 Voltage 범위를 확인함으로써 전지의 양극과 Catalyst는 어떤 특성을 가져야 하는지 심층적으로 공부할 수 있었습니다.

3 2가지 경영전략 역량을 강조

– '전지산업 트렌드'와 '경영학 부전공(재무회계, 경영상황 분석)'을 제시했다.

3 2) 전지트렌드 + 재무회계 : 경영전략 역량 습득

① 전자제품, 자동차, 발전산업 등 전지산업 트렌드의 변화를 꾸준히 습득하고 있습니다.

② 매 학기마다 국제무역학, 금융법, 경제학, 재무와

회계 등의 과목들을 수강하여 재무회계, 경영상황을 분석할 수 있는 기반을 다졌습니다.

이를 통해 전지사업본부가 Risk taking 가능한 사업전략을 수립하는데 기여하겠습니다.

▶ **면접으로 연결 Case**

- 기술개발 직무에 지원하지 않은 이유는?
- 경영학을 부전공한 계기는?

📝 **작성 Point**

✔ 직무 지원동기를 전공과 연결시켜 어필했다.
  - 화학공학 전공 → 전지사업본부의 미래 방향 제시

✔ 2가지 직무역량을 구체적인 경험으로 명확하게 제시했다.
  - 화학공학 전공: 기술 측면의 전지 관련 역량
  - 경영학 부전공: 경영 측면의 사업전략 역량

My Story: 본인의 특성 및 성격(장점/보완점)을 자유롭게 기술해주세요. (100~500자)

- Guide> 구체적인 사례를 바탕으로 진솔하게 기술해주시기 바랍니다.

1 팀 프로젝트 경험을 통해 장점/보완점 설명

2 장점은 기획력

- 경영전략 직무와 직결되는 역량으로 볼 수 있다.
- 기획안을 제안하여 성공시킨 프로젝트 경험을 제시했다.

▶ 면접으로 연결 Case

- 기획력 이외의 다른 장점은?

3 보완점은 신중함

- 많은 사항을 결론에 반영하는 스타일임을 제시했다.
- 이를 보완하려는 노력까지 언급했다.

1 [기획력 vs 신중함]

2 가장 큰 장점은 **기획력**이라고 생각합니다. '화학공장 열교환기 장치 설계' 팀 프로젝트 첫모임에서 구체적인 기획안을 제안했습니다. 팀원들과 주어진 설계 제한 요소에 따른 요구 Spec을 정리하고, 이용할 프로그램과 계산절차를 정했습니다.

처음 계산된 설계 Spec이 실제 장치와 많이 달랐을 때, 기획안의 전체 내용을 팀원들이 공유하고 있었기 때문에 자유로운 의견교환을 통해 해결방안을 도출할 수 있었습니다. 결국 열교환기의 Shell 측 유체와 Tube 외벽의 온도차 적용의 오류를 발견하고 반복적인 계산식 검토를 통해, 오차 1%내의 정교한 설계를 할 수 있었습니다.

3 이러한 과정에서 최대한 **많은 사항을 신중히 고려**하여 결론에 반영하는 편입니다. 때문에 각 방법과 절차의 Trade-off 점을 도식화하고 **빠르게 의사결정**을 하기 위해 노력합니다. 이를 통해 다른 사람들이 보지 못하는 부분을 고려하여 더 좋은 결정을 할 수 있도록 노력하고 있습니다.

✔ 팀 프로젝트, 즉 구체적인 사례를 들어 장점과 보완점을 설명했다.
   – 이 주제에서 보완점을 기술하지 않는 친구들이 많다. 하지만 면접에서 질문할 가
     능성이 크기 때문에 보완점도 소개하는 것이 좋다.
✔ 기획력: 지원직무(경영전략)와 연관성이 있는 장점을 어필했다.
✔ 신중함: 보완점이지만 긍정적인 방향으로 활용하고 있다는 사실과 함께 보완하기
   위한 노력을 어필하고 있다.

✅ 자소서 3 I 회사에서의 꿈과 비전

My Vision: LG화학에서 이루고 싶은 나만의 꿈과 비전을 소개해주세요. (100~500자)

- Guide> LG화학에서 본인이 기대하는 미래의 모습과 계획을 바탕으로 기술해주시기 바랍니다.

[LG화학 전지사업본부의 전략가]

1 목표(Goal) 제시

- '전 제품의 세계 1위'와 '신시장 개척'을 제시했다.

---

2 3단계의 계획(Plan)을 구체화

- 단기 → 중기 → 장기 3단계로 계획을 구체화하여 설명했다.

▶ 면접으로 연결 Case

- 세계 1위를 달성하기 위해 가장 필요한 것은?
- 새로운 시장의 구체적인 분야는?
- 국내 배터리 3사와 비교 시, 우리 회사의 장점과 단점은?

1 1) 전지사업본부의 소형, 자동차, ESS **전 제품군의 세계시장점유율 1위를 달성**하겠습니다. 2) 미래 기술의 지속 발전에 따라 **새로운 시장을 개척**하겠습니다.

2 이를 위해 **1) 단기적으로**, 최근의 5G와 IoT 기술 변화에 주목하겠습니다. 올해 CES 주제도 5G였습니다. 때문에 더 다양한 전자제품에 대한 소형 전지제품의 수요가 예상되며 그 관련 산업의 동향을 파악하겠습니다.

　2) 중기적으로, 세계적인 '자율주행 2040' 모토와 내연기관 완전퇴출 계획에 주목하겠습니다. 기존 내연기관에서 EV로의 전환과 차량 내 전장부품의 증가에 따른 EV 배터리 시장의 변화에 신속히 대응하겠습니다.

　3) 장기적으로, 로보틱스, AI 로봇 등의 차세대 전지제품의 수요가 예상되는 분야와 관련하여 신제품군 사업에 대한 착수 가능성을 면밀히 검토하겠습니다.

　이를 통해 한 세기가 다시 바뀌어도 LG화학이 미래 전지시장을 선도할 수 있는 발판을 마련하겠습니다.

📠 작성 Point

✔ 목표(Goal)를 제시한 다음, 단계적인 계획(Plan)도 제시했다.

　－ 먼저, 2가지 목표를 명확하게 제시했다.

　－ 다음, 3단계로 계획을 구체화하여 설명했다.

✔ 목표: 회사의 비전과 연계하여 신입사원의 패기를 느낄 수 있다.

✔ 계획: 회사의 사업전략을 명확하게 이해하고 작성했다는 느낌이 든다.

전지사업본부 생산기술 직무에 합격한 L지원자의 Case를 살펴보자.

L은 대학원에서 전지 관련 연구를 한 석사 졸업자이다. 때문에 자소서가 전지에 대한 기술적인 내용으로 구성되어 있다. 1번과 2번은 연구내용을 작성했고, 3번에서 엔지니어로서의 포부를 어필했다.

직무경험을 어떻게 구체적으로 설명하고 있는지, 이를 자소서 주제와 어떻게 연결시키는 지를 중점적으로 살펴보자.

My Competency: 지원분야/직무에 대한 지원 동기와, 해당 분야/직무
를 위해 어떤 준비를 해왔는지 소개해주세요. (100~700자)

- Guide> 지원분야/직무를 위해 노력한 내용(전공, 직무경험 등)과, 이를 통
해 본인이 어떠한 역량을 길렀는지를 중심으로 기술해주시기 바랍니다.

1 전지 실험 경험을 통해 직무
역량을 어필

1 〈코팅속도 vs 로딩레벨 : 균일용량 전지 제조〉

K연구소 에너지연구센터에서 '양극활물질 NCM523
를 이용한 리튬이차전지 제조 및 전기화학적 특성 분석'
실험을 진행했습니다.

2 실험 중 문제에 직면

– 해결과정을 소개하면서 직무
역량을 어필했다.

2 코인셀 제작 후 전기화학적 특성을 분석하는 과정에
서 어려움을 겪었습니다. 같은 조건에서 제조한 10개의
코인셀 중 3개에서 초기용량이 다른 결과가 나왔기 때문
입니다.

  1) 문제를 해결하기 위해 다양한 변수를 생각해 보았
고, 교수님께 조언을 구했습니다. 또한 논문과 이차전지
공정 서적을 찾아보았습니다.

3 문제 분석 및 해결

– 코팅속도와 로딩레벨이 trade
–off 관계인 것을 파악했다.
– 이를 통해 균일 용량의 전지를
제조하여 문제를 해결했다.

3 2) 문제의 원인은 전극의 로딩레벨이었습니다. 전극
의 코팅공정에서 닥터블레이드로 코팅 시, 코팅속도가
일정하지 않아 로딩레벨이 균일하지 않았습니다. 전지
의 용량은 로딩레벨과 정비례하기 때문입니다. 결과적
으로 전극의 코팅공정에서 코팅속도를 최대한 일정하게
유지함으로써 균일 용량의 코인셀을 제조할 수 있었습
니다.

4 특히, 드라이룸의 글로브 박스를 이용하여 전지를 직접 제조했기 때문에 제조공정에 대해 폭넓은 이해를 할 수 있었습니다. 이를 통해 전지의 제조공정에는 다양한 공정변수가 존재하고, 세부공정으로 갈수록 변수를 완벽하게 제어하는 것이 핵심이라는 것을 깨달았습니다.

LG화학에 입사하면, 작은 변수라도 놓치지 않고 꼼꼼하게 확인하여 목표 수율을 유지할 수 있는 대체 불가능한 엔지니어가 되겠습니다.

4 제조공정에 대한 이해도를 강조

- 생산기술 지원자로서의 역량을 어필했다.

▶ 면접으로 연결 Case

- R&D가 아니라 생산기술 직무를 지원한 이유는?

PART

4

기업별 자소서

✓ 자소서 2 ㅣ 특성 및 성격

My Story: 본인의 특성 및 성격(장점/보완점)을 자유롭게 기술해주세요. (100~500자)

- Guide> 구체적인 사례를 바탕으로 진솔하게 기술해주시기 바랍니다.

1 실험 경험을 통해 장점을 강조

– 엔지니어로서의 문제해결능력을 어필했다.

1 [창의적 문제해결능력 : 통기성 시험기 제작]

　A연구센터에서 '접착성과 통기성이 우수한 이차전지용 분리막 코팅' 실험을 진행했습니다.

　통기성 테스트는 분리막 성능평가에 중요합니다. 분리막의 통기성이 저하되면, 양극과 음극 사이의 이온 이동 통로가 크게 감소하여 전지의 충·방전 성능이 떨어지기 때문입니다.

2 시험기를 직접 제작

– 문제를 창의적으로 해결한 과정을 소개했다.

2 하지만 분리막 통기성 시험기가 없었기 때문에 **직접 제작하여 문제를 해결한 경험**이 있습니다.

　　1) 통기성 시험기에 대한 원리를 찾아보고, 기본원리를 활용하여 아이디어를 도출했습니다.

　　2) '주사기를 활용한 피스톤 방식'을 적용하여 **통기성 시험기 KIT 제작에 성공**했습니다. 직접 제작한 통기성 시험기로 실험한 결과, 데이터로 사용할 수 있는 수준의 통기성을 얻었습니다.

3 보완점은 짧게 소개

– 보완 노력도 어필했다.

3 한편, 업무 진행 시 지나치게 완벽을 추구하다 보니 팀원들이 힘들어할 때가 가끔 있습니다. 이를 개선하기 위해 팀원들과 원활한 의사소통을 통해 해결하려고 노력하고 있습니다.

✅ 자소서 3 Ⅰ 회사에서의 꿈과 비전

My Vision: LG화학에서 이루고 싶은 나만의 꿈과 비전을 소개해주세요. (100~500자)

- Guide> LG화학에서 본인이 기대하는 미래의 모습과 계획을 바탕으로 기술해주시기 바랍니다.

1 [이차전지의 제조지능화 : 드림라인 완성]

LG화학에서 최고 수준의 전지를 생산하는 생산공정 전문가가 되고 싶습니다.

2 대학 3학년 때, LG화학 오창공장을 방문한 경험이 있습니다. 당시 A전무의 기술특강과 ESS동 투어를 다녀온 이후로, LG화학 전지 엔지니어로서의 꿈을 키워왔습니다.

3 1) **입사 초기에는,** K연구소에서 이차전지를 직접 제조했던 경험을 바탕으로 전반적인 이차전지 제조공정에 대해 배우고 익히겠습니다. 이를 통해 생산과정에서 문제가 발생 시 창의적으로 해결하겠습니다.

2) 5년 이후, 신공정 및 신기술 개발을 통해 전극-조립-활성화 공정을 개선하겠습니다. 이를 통해 신규 증설라인의 조기 안정화를 하여 수율을 높이겠습니다.

3) 10년 이후, 이차전지의 제조지능화를 통해 드림라인을 완성하여, 최고수준의 제조경쟁력을 확보하겠습니다.

LG화학에서 꿈과 열정을 가지고 끊임없이 도전하여, 전지사업본부 발전에 기여하고 싶습니다.

---

1 간결 명확한 소제목
- 소제목만 읽어도 포부가 느껴진다.

2 LG화학 로열티 강조
- 회사와의 개인적인 인연을 소개했다.

3 3단계의 계획(Plan)을 구체화
- '입사 초기', '5년 이후', '10년 이후'의 계획을 구체적으로 설명하면서 최종적인 Goal 실현을 어필했다.

▶ **면접으로 연결 Case**
- 기술특강 내용 중 기억나는 것은?
- 배치받고 싶은 공정은?

PART 4
기업별 자소서

현대차·기아차의 자소서 주제를 분석해보고, 이제까지 배운 자소서 작성법을
실제로 어떻게 적용하는지 그 방법에 대해 알아보겠다.

현대차 · 기아차 자소서 작성팁 및 Case

현대차 자소서 작성팁 및 Case

자소서 주제 및 특징

현대자동차는 자소서 주제가 직무별로 차이가 있다. 직무별로 1번, 2번, 3번 주제가 모두 다르다. 차이가 나는 지점이 직무역량을 잘 써야 하는 항목이라고 생각하면 된다. 현대자동차의 수시채용이 가져온 변화이다.

- **1번 : What makes you move? 무엇이 당신을 움직이게 하는지 기술하시오. (800자)**

  ※ 다른 직무의 1번 주제

  - 본인이 회사를 선택하는 기준은 무엇이며, 왜 현대자동차가 그 기준에 적합한 지 기술해 주십시오. (800자)

- **2번 : 현대자동차 해당 직무를 선택한 이유와 직무에 본인이 적합하다고 판단할 수 있는 근거를 제시해 주십시오. (1000자)**

  ※ 다른 직무의 2번 주제

  - 당사 핵심가치는 고객최우선, 도전적실행, 소통과협력, 인재존중, 글로벌 지향입니다. 이 중 한가지를 택하여 당신이 왜 적합한 인재인지를 서술해 주십시오. (800자)

- **3번 : 본인의 장점 또는 직무 역량을 나타낼 수 있는 주요 사례(R&D의 경우 전공 과목 최대 10개)를 선정하여, 해당 경험을 통해 체득한 장점 또는 직무 역량을 서술해 주십시오. (1000자)**

  - 석/박사 과정이신 경우, 연구경력 및 세부전공 중심으로 서술해 주십시오.
  - 본인을 표현할 수 있는 어떤 이벤트도 좋습니다. 자유롭게 서술해 주십시오.

  ※ 다른 직무의 3번 주제

  - 자동차 품질에 대한 고객의 인식수준이 높아지면서 품질에 대한 중요성이 더욱 강조되고 있습니다. 현대자동차가 품질 수준을 한 단계 더 높이기 위해 가장 우선적으로 해야 하는 것은 무엇인지 본인의 생각을 기술해 주십시오. (800자)

– 현대자동차 O본부 O담당자로서 가장 하고 싶은 일은 무엇이며, 이를 해 내기 위한 본인의 강점을 기술해 주십시오. (1000자)

– 지원 직무와 관련된 이슈 중 최근 본인이 가장 관심 있는 주제 1가지를 선 정하고 본인의 의견을 서술해 주십시오. (1000자)

– 인생에 있어 가장 큰 도전과 성취 경험에 대해 기술해 주십시오. (1000자)

현대자동차 자소서 주제의 특징은 다음과 같다.

① 직무역량을 검증하기 위한 주제가 중요하다.

- 2번, 3번 주제가 대부분 직무역량을 파악하기 위한 내용이다.

- 이는 수시채용과 관련이 있다. 직무별로 필요할 때 인력을 채용하기 때문에 인성 보다는 직무역량을 중요시하고 있다.

② 직무역량과 관련된 주제를 제대로 작성해야 합격에 다가설 수 있다.

- 서류전형에서 자소서 평가위원은 물론 면접에서 자소서를 보는 면접위원도 모두 직속상사가 될 사람들이다.

- 때문에 자소서에서 직무역량을 제대로 어필해야 서류전형을 통과할 수 있다.

- 면접에서도 자소서 내용을 중심으로 직무역량을 검증하기 때문에 제대로 직무 경쟁력을 강조하는 것이 좋다.

③ 글자 수도 직무별로 다르다. (800~1000자)

- 경험을 스토리로 작성할 경우는 STAR 기법을 활용하고, 직무역량을 나열식으로 작성한 때는 KKK 구조를 활용하는 것이 좋다.

주제 이해 및 작성팁

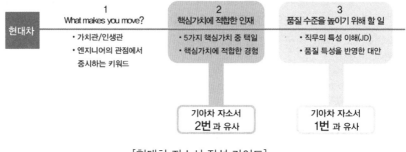

[현대차 자소서 작성 가이드]

자소서 1: What makes you move?

현대자동차의 자소서를 상징하는 전통적인 주제이다. 그만큼 의미에 대한 해석이 다양하고 작성하기 어려운 주제이다.

- ◉ 먼저, 자신이 인생을 살아가면서 가장 중시하는 키워드를 선정하자.
  - – 본인의 가치관/인생관을 상징하는 키워드일수록 좋다.
  - – 혹은 엔지니어의 관점에서 중시하는 키워드를 어필해도 된다.
  - – 현대자동차의 핵심가치(인재상)을 참고하는 것도 좋은 방법이다.
- ◉ 그 다음, 적합한 경험을 통해서 키워드를 실천해 왔다는 것을 설득하자.
  - – STAR 기법으로 스토리를 전개하면 간결하게 작성할 수 있다.

자소서 2: 핵심가치 중 택일 + 왜 적합한 인재인가?

현대자동차의 5가지 핵심가치(인재상) 가운데 하나를 선택해서 자신과 연결시켜 설명해달라는 주제이다.

◉ 먼저, 5가지 핵심가치(인재상) 가운데 하나를 선정한다.
  – 본인의 가치관/인생관, 혹은 엔지니어의 관점에서 고민하자.
  – 지원 직무와 연관성이 있는 핵심가치라면 더욱 좋다.
◉ 다음, 그 핵심가치에 자신이 왜 적합한 인재인지를 설득하자.
  – 핵심가치에 적합한 경험이 가장 큰 설득무기이다.
  – STAR 기법으로 작성하면 쉽게 읽히는 스토리가 된다.

현대자동차의 5가지 핵심가치(인재상)를 참고하자.

◉ Customer(고객최우선): 최고의 품질과 최상의 서비스를 제공함으로써 모든 가치의 중심에 고객을 최우선으로 두는 고객 감동의 기업 문화를 조성한다.
◉ Challenge(도전적실행): 현실에 안주하지 않고 새로운 가능성에 도전하며 '할 수 있다'는 열정과 창의적 사고로 반드시 목표를 달성한다.
◉ Collaborration(소통과협력): 타 부문 및 협력사에 대한 상호 소통과 협력을 통해 '우리'라는 공동체 의식을 나눔으로써 시너지효과를 창출한다.
◉ People(인재존중): 우리 조직의 미래가 각 구성원들의 마음가짐과 역량에 달려 있음을 믿고 자기계발에 힘쓰며, 인재 존중의 기업문화를 만들어 간다.
◉ Globality(글로벌지향): 문화와 관행의 다양성을 존중하며, 모든 분야에서 글로벌 최고를 지향하고 글로벌 기업시민으로서 존경 받는 개인과 조직이 된다.

자소서 3: 품질 수준을 높이기 위해 가장 우선적으로 할 일

지원 직무에 대한 직무역량을 파악하기 위한 주제이다. 회사 관점에서는 이 주제를 수시채용의 장점으로 활용하지만 지원자들 입장에서는 작성하기 어려운 주제이다.

◉ 먼저, 지원 직무의 특성에 대한 이해가 필요하다.
  – 자동차 품질업무의 특성, 현대자동차의 품질 이슈 등을 이해하자.
  – 채용공고에 제시된 직무소개(JD) 내용도 참고하자.

◦ 그 다음, 품질 수준을 높이기 위한 대책을 2~3가지 제안하자.

  – 회사의 품질 특성을 반영한 대안을 제시하는 것이 중요하다. 품질 전문가들이 자소서를 읽고 평가하기 때문이다.

  – 관련 경험을 활용하여 제안하는 내용이 가장 설득력이 크다.

M합격자의 자소서 Case(현대자동차 품질 직무 지원)

    현대자동차 품질 직무에 지원한 M합격자의 자소서를 참고하자. M은 다니던 회사를 퇴사하고, 대학에 편입하여 산업공학을 공부한 다음 현대자동차에 도전하였다.

    현재 회사에 다니는 중이거나 다녔던 경력이 있는 지원자들은 그 경력을 어떤 식으로 자소서에 녹여내는지에 초점을 맞춰 읽어보자.

PART

4

기업별 자소서

☑ 자소서 1 I What makes you move?

What makes you move? 무엇이 당신을 움직이게 하는지 기술하시오. (800자)

1 전문성이 메인 키워드

- 엔지니어로서 직무역량이 가장 중요함을 강조했다.

2 품질관리 전문성에 대한 배고픔

- 산업공학과 편입을 결심한 경험을 소개했다.

3 편입 준비과정을 강조

- 4단계 Action을 어필했다.

▶ 면접으로 연결 Case

- 퇴사 결정 시 걱정했던 것은?
- 품질직무의 장점과 단점은?

1 [전문성에 대한 배고픔 = 엔지니어의 성장 욕심]

　엔지니어로서의 성장 욕심이 저를 움직이는 원동력입니다. 전 직장의 품질부서에 근무하면서 불량이 발생했을 때 대책을 찾아 나가는 업무에 집요하게 물고 늘어지는 제 성격이 잘 맞는다는 것을 느꼈습니다.

2 그러나 비전공자였던 저는 통계적인 품질관리 분야를 이해하기 어려웠습니다. 따라서 품질직무의 전문성을 높이고 싶다는 욕심이 생겼습니다. 이에 전문지식 함양을 위해 품질 관련 학과를 찾아보았고, 산업공학과에 편입을 결심했습니다.

3 1) 고민 끝에 회사를 퇴사하고 산업공학과로 편입하기로 결정했습니다.

　2) 퇴사한 후 곧바로 편입을 위한 계획을 세우고 준비에 들어갔습니다. 대학들 전형을 분석하여 공인 영어 성적과 전공 면접을 시행하는 학교가 적합하다고 생각되었습니다.

　3) 두 달간 하루 8시간씩 공부해 토익 점수 825점을 만들었습니다.

　4) 전공 면접을 위하여 편입 커뮤니티를 통하여 전공 자료를 수집하고 준비하였습니다.

4 이러한 과정으로 연말까지 준비를 마친 후에 대학별로 서류 접수 후 전공 면접을 보았고, 지원한 5개 대학 중 3개 학교에서 합격하는 성과를 거두었습니다.

편입에 성공한 도전 경험은 시도해보기도 전에 지레 포기하는 성격을 바꿀 수 있는 좋은 경험이 되었습니다. 이러한 경험을 통해 현대자동차의 품질관리 직무를 수행하면서 부딪치는 한계에 포기하지 않고 도전해 나가겠습니다.

4 **치열한 노력의 결과**
- 3개 학교에 합격한 경험을 제 시했다.

자소서 2 | 핵심가치 + 적합성 판단

당사 핵심가치는 고객최우선, 도전적실행, 소통과협력, 인재존중, 글로벌지향입니다. 이 중 한가지를 택하여 당신이 왜 적합한 인재인지를 서술해 주십시오. (800자)

1 고객최우선 선정

– 품질부서의 내부고객(생산부서) 설득 사례를 제시했다.
– 전문성과 친화력 강조했다.

2 품질 이슈 도출

3 내부고객(생산부서)의 반대에 직면

4 생산부서 설득노력을 강조

– 전문성과 친화력을 활용하여 결국 작업 방식 변경 합의를 이끌어냈음을 어필했다.

---

1 [전문성 + 친화력으로 생산부서 설득 : 고객만족 실현]

　고객최우선의 가치를 실현하는 데 있어서 적합한 인재라고 생각합니다.

2 전 직장에서 고질적으로 품질 문제를 일으키는 제품이 있었습니다. 제가 속한 품질부서는 해당 제품 때문에 검사 업무에 과다하게 시간을 소비했습니다. 저희 부서에서는 제품의 작업 방식을 변경해야 한다는 것을 인식하고 있었습니다.

3 하지만 생산부서에서는 작업 방식의 변경이 생산효율을 떨어뜨린다고 생각하였습니다. 따라서 생산부서를 설득하기 위해 계획을 세웠습니다.

4 1) 원활한 업무 진행을 위해 생산부서 직원들에게 친근하게 다가갔습니다.

　2) 아침 시간과 쉬는 시간을 이용하여 다른 직원들과 자주 마주치고 이야기하려고 노력했습니다.

　3) 직원들과 친해진 후에 해당 제품의 불량으로 발생하는 재작업 비용과 시간을 구체적으로 설명했습니다.

　4) 결국에는 해당 제품의 작업 방식을 변경하는 합의를 이끌어냈습니다.

220 이공계 취업은 렛유인 WWW.LETUIN.COM

5 작업 방식의 변경으로 제품 출하 전 전수검사 하던 제품을 샘플검사로 변경할 수 있을 정도로 제품의 품질이 좋아졌습니다. 샘플 검사로 변경되면서 검사 시간은 30% 감소하였고, 재작업율은 Lot 당 20%에서 13% 수준으로 감소하였습니다. 결과적으로 품질 수준이 향상되어 고객에게 불량률이 낮은 제품을 제공하였습니다.

이러한 경험을 바탕으로 현대자동차의 품질직무를 수행하며 고객최우선 가치 실현에 기여하겠습니다.

5 최종 고객에게 좋은 품질을 제공

- 내부고객의 설득 결과가 최종 고객에게도 전달되었음을 어필했다.

✅ 자소서 3 | 품질 수준 향상 위해 할 일

자동차 품질에 대한 고객의 인식수준이 높아지면서 품질에 대한 중요성이 더욱 강조되고 있습니다. 현대자동차가 품질 수준을 한 단계 더 높이기 위해 가장 우선적으로 해야 하는 것은 무엇인지 본인의 생각을 기술해주십시오. (800자)

1 2가지 개선안을 제안

– 경험을 통해 얻은 개선안이라서 공감이 된다.

2 계획 단계의 품질관리

– 리콜 가능성을 축소시키는 효과를 고려했다.

▶ **면접으로 연결 Case**

– 설계품질 경험이 있는지?
– 설계품질의 성공요소는?
– 설계 이슈가 발생하면 어느 부서의 책임인가요?

3 중간 단계의 품질관리

– 협력사의 과도한 재고 문제 해결이 필요함을 강조했다.

1 [계획과 과정을 체크하자 : 설계품질+부품품질]

제가 제안 드리고 싶은 것은 크게 2가지 방법입니다.

2 1) 설계 품질의 측면 : 리콜 문제 해결

현재 현대자동차의 신차종에서 발생하는 리콜 문제를 해결해야 합니다. 리콜 문제는 설계가 잘못되어서 발생한다고 생각합니다. 따라서 품질부서는 기존의 문제가 발생하였던 부품의 데이터를 축적하고 원인을 분석해야 합니다. 이 데이터를 설계팀에 전달하여 설계에서 발생하는 품질 문제를 줄이는 것이 중요합니다.

이후 신차종이 출시되면 품질부서가 해당 부품의 내구성을 평가할 때, 기존에 문제가 발생하였던 부품을 중점적으로 평가하면 리콜의 발생 가능성을 줄일 수 있을 것입니다.

3 2) 부품 품질의 측면 : 부품 진부화 방지

10만개에 달하는 부품으로 생산되는 자동차의 품질은 각각의 부품들이 좌우한다고 해도 과언이 아닙니다. 따라서 협력사들의 부품 품질 관리 역시 중요한 부분입니다. 부품 품질의 불량 요인은 과도한 재고 축적으로 인한 제품의 진부화가 한 요소입니다. 진부화로 인한 불량을 줄이기 위해 정기검사 항목에 제품의 보관 방식

을 추가하여 검사를 하는 것도 좋은 방법이라고 생각합니다.

4 제가 경험한 정기검사는 제품의 특성에 대한 부분에 집중되어 있었습니다. 추가적으로 보관 방식에 대한 검사를 받는다면 진부화에 대한 불량률 발생을 줄일 수 있을 것입니다. 또한 원인을 규명하는 측면에서도 협력사의 개선대책만을 전달받는 것이 아닌 현대자동차 입장에서도 부품 품질을 통제할 수 있는 요소가 될 것입니다.

4 경험을 통한 제안임을 다시 강조

기아차 자소서 작성팁 및 Case

자소서 주제 및 특징

기아자동차도 자소서 수제가 직무별로 차이가 나지만 현대자동차와는 다른 점이 있다. 1번과 3번 주제는 직무별로 다르지만 2번은 공통된 주제이다. 이 것 역시 수시채용이 가져온 변화이다.

- ○ 1번 : 지원 직무와 관련된 본인의 강점에 대해 경험에 근거하여 서술해 주십시오. 학교 수업, 자격증, 외부 교육, 동아리 등 어떤 경험이든 무방합니다. (700자)

  ※ 다른 직무의 1번 주제
    - 해당 직무 분야를 지원하게 된 이유와 지원 분야에 본인이 적합하다고 판단하는 근거를 제시해 주세요.

- ○ 2번 : 우리 KIAN(기아인)들은 다음과 같이 네 가지의 인재상을 닮아 가려고 노력합니다. 그 중에서 당신을 가장 잘 표현할 수 있는 한 가지를 선택하여 경험적 사례를 통해 그 이유를 설명해 주세요. - Kreate, Innovate, Act, Navigate (600자)

- ○ 3번 : 지원하신 직무 분야에서 일을 하시게 된다면, 어떤 커리어를 만들어 나갈지에 대한 계획을 서술해주시고, 이를 통해 어떤 방식으로 회사 발전에 기여할 수 있을지 설명해 주십시오. (700자)

  ※ 다른 직무의 3번 주제
    - 4차 산업혁명, 자율주행 등 자동차 산업의 미래 환경 고려 시 향후 기아자동차가 집중해야 할 전략(모빌리티 서비스 등)에 대해 본인의 의견을 제시해 주시기 바랍니다.
    - 본인의 삶에서 가장 중요하다고 생각하는 가치 세 가지를 기술해주세요.

기아자동차 자소서 주제는 현대자동차와 비슷한 특징이 있다.

① 직무역량을 검증하기 위한 주제가 중요하다.

- ○ 1번, 3번 주제가 대부분 직무역량을 파악하기 위한 내용이다.

② 직무역량과 관련된 주제를 제대로 작성해야 합격에 다가설 수 있다.

- 서류전형을 통과하는 것이 관건인데 자소서 평가도 큰 비중을 차지한다.

- 경험을 근거로 작성하는 것이 가장 큰 설득무기가 된다.

③ 글자 수가 상대적으로 적다. (600~700자)

- 핵심 내용을 간결하게 작성하여 키워드를 어필하는 것이 좋다.

주제 이해 및 작성팁

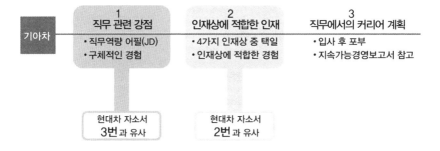

[기아차 자소서 작성 가이드]

자소서 1: 직무 관련 본인의 강점 - 경험에 근거하여

말 그대로 직무역량을 어필해달라는 주제이다.

- 직무분석을 통해 어떤 중요한 역량이 무엇인지 파악하자.
  - 직무소개(JD) 자료를 참고하여 도출하면 된다.
- 경험에 근거하여 작성하는 것이 필요하다.
  - 학교 수업, 자격증, 외부 교육, 동아리 등 어떤 경험이든 무방하다.

자소서 2: 4가지 인재상 중 자신을 잘 표현하는 것 - 경험적 사례

기아자동차가 추구하는 인재상에 적합한 인재임을 설득해달라는 주제이다.

- **4가지 인재상 가운데 자신을 가장 잘 표현할 수 있는 한 가지를 선택한다.**
  - Kreate : 열린 상상력으로 세상에 없던 새로움을 만들어가는 창조가
  - Innovate : 기존의 정해진 질서에 도전하여 대담한 변화를 이끌어내는 혁신가
  - Act : 생각에만 머무는 것이 아니라 생각을 적극적으로 현실에 반영하는 행동가
  - Navigate : 호기심과 열정으로 미지의 영역을 개척하는 탐험가
- **직무별로 특성을 감안하면 다음과 같은 인재상이 적합하다.**
  - 미래 신규사업 개발/추진 : Kreate, Innovate
  - 상품기획/운영 : Innovate, Act
  - 생산기술 : Act, Navigate
- **경험적 사례를 통해 그 이유를 설명한다.**
  - 직무 관련 프로젝트, 논문, 특허, 경진대회
  - 직무 관련 Tool 역량 보유자

자소서 3: 직무에서의 커리어 계획 - 어떤 방식으로 회사에 기여

거창하게 커리어라고 표현했지만 전형적으로 입사 후 포부를 묻는 주제이다.

- **기아자동차가 그리는 미래 모습을 참고하여 커리어 목표(Goal)를 제시한다.**
  - 향후 기아자동차가 집중해야 할 전략(모빌리티 서비스 등), 4차 산업혁명, 자율주행차 등 자동차 산업의 미래 환경을 참고한다.
  - 지속가능경영보고서의 관련 내용을 참고하면 좋다.
- **커리어 목표를 바탕으로 회사 발전에 기여할 계획(Plan)을 설명한다.**
  - 단계적인 기여 계획을 제시하는 것이 좋다.
  - 입사 후, 10년 후, 20년 후
  - 평생직장/평생직무 관점에서 구체적인 계획을 제시하자.

기아자동차 생산기술 직무에 지원한 N합격자의 자소서 사례를 살펴보자. N은 제어시스템공학을 주전공하면서 기계공학을 복수전공한 것이 강점이다. 이를 활용하여 생산기술 직무에 지원했다.

자소서에서 본인의 강점을 효과적으로 어필할 수 있는 방법을 고민하면서 Case를 읽어보자.

PART

4

기업별 자소서

지원 직무와 관련된 본인의 강점에 대해 경험에 근거하여 서술해 주십시오. 학교 수업, 자격증, 외부 교육, 동아리 등 어떤 경험이든 무방합니다. (700자)

1 2가지 전공지식 강조

– 전자공학 + 기계공학은 생산 기술 엔지니어로서 큰 장점이 될 수 있다.

2 아쉬운 점

– 2가지 전공에서 배운 내용을 보다 구체적으로 기술하면 더욱 좋다.

3 창의성 사례도 소개

– 배차업무를 담당한 경험을 통해 효율성 향상의 결과를 냈음을 제시했다.

▶ 면접으로 연결 Case

– 기계공학에서 가장 흥미있게 공부한 과목은?
– 제어시스템공학 중 ○○과목은 학점이 낮은 이유는?

1 〈전자공학 + 기계공학 : 제어시스템공학 전문가〉

제어시스템공학을 전공하면서 전자와 기계 분야의 다양한 과목을 수강했습니다. 세부적으로 메카트로닉스를 심화 학습했고, 복수전공으로 기계공학을 공부했습니다. 수업을 들으며 항상 두 전공을 접목시켜 최고의 자동차 엔지니어를 꿈꿔왔습니다.

2 스마트 팩토리가 대두되고 있는 현 시점에서 전자와 기계를 아우르는 전문가로서 빠르게 성장하는 기아자동차의 성장에 기여하고 싶습니다.

3 〈창의성 발휘 : 배차 시간 85% 단축〉

군 시절 배차업무를 담당했습니다. 엑셀을 이용해 일일이 입력하는 비효율적인 작업이었고, 종종 오타 등의 실수를 했습니다. 저는 함수를 활용해 효율성을 높이고 오타 문제를 방지하고자 했습니다.

1) 차량별 운전병을 매칭 시킨 시트를 만들고 VLOOKUP 함수를 통해 차 번호를 입력하면 운전병이 자동으로 배정되도록 만들었습니다.

2) 선탑자의 경우에는 배차 데이터를 누적해 COUNTSIF 함수를 활용해 차량별 이용률이 높은 간부를 배정하도록 했습니다.

자동화 작업으로 오타를 방지하고 1시간이 걸리던 초 안 작업을 10분 내로 단축하여 배차 시간을 85% 단축시 키는 효과를 냈습니다.

제어시스템공학 지식과 창의성을 바탕으로 기아자동 차의 성장을 이끄는 엔지니어가 되겠습니다.

자소서 2 I 인재상 – 경험적 사례

우리 KIAN(기아인)들은 다음과 같이 네 가지의 인재상을 닮아 가려고 노력합니다. 그 중에서 당신을 가장 잘 표현할 수 있는 한 가지를 선택하여 경험적 사례를 통해 그 이유를 설명해 주세요.

- Kreate, Innovate, Act, Navigate (600자)

1 Act 선정

– 생산기술 직무에 적합한 키워드이다.
– 책임감, 문제해결역량을 강조했다.

① 〈Act로 완성한 마이크로마우스 : 주제선정 + 연구개발 + 제작〉

학부에서 배운 이론을 적용하고 응용해보고자 AI 연구실에서 인턴을 했습니다. 마이크로마우스를 제작하며 책임감과 문제해결역량을 키웠습니다.

2 책임감 사례 소개

② 1) 책임감으로 알고리즘 코딩 완성

지원금이 나오지 않아 소프트웨어만 제작하였고, 마우스가 제대로 작동하는지 확인을 위한 미로도 코딩해야 했습니다. 동서남북을 갖는 노드를 구성하고 랜덤 함수로 10×10 격자의 미로를 가상으로 만들었습니다. 미로 정보를 수집하기 위해 격자에 번호를 부여하고 데이터 구조론에서 배운 Dijkstra 알고리즘으로 코딩했습니다.

3 문제해결역량 사례 소개

③ 2) New 알고리즘으로 대체하여 문제 해결

일정 코드에서 문제가 발생하였지만, 이를 해결하는 문제해결역량을 발휘했습니다. 계속 수정하였지만 특정 격자에서 코드가 양방향으로 전개되었습니다. 기간이 얼마 남지 않았으나 스터디를 통해 찾아낸 Floodfill 알고리즘으로 과감하게 대체하였습니다. 새로운 이론을 학습하고 응용하여 코드를 완성하는 데 성공하였습니다.

앞으로 기아자동차의 목표를 Act로 완성하여 제 몫을 하는 엔지니어가 되겠습니다.

지원하신 직무 분야에서 일을 하시게 된다면, 어떤 커리어를 만들어 나갈지에 대한 계획을 서술해주시고, 이를 통해 어떤 방식으로 회사 발전에 기여할 수 있을지 설명해 주십시오. (700자)

1 커리어의 Goal을 명확히 제시

- 최고효율 공장 실현의 Goal을 제시했다.
- 2가지 역할도 함께 제시하였다.

1 〈어셈블리 자동화 + 자율주행 인프라 : 최고효율 공장 실현〉

기아자동차 ○ 공장이 세계 최고의 경쟁력을 갖추는 데 2가지 역할을 담당하겠습니다.

2 첫 번째 역할

- 졸업작품 경험을 소개했다.
- 수행하고자 하는 역할을 구체적으로 설명했다.

▶ 면접으로 연결 Case

- 미러링 로봇암의 장점과 단점은?

2 1) 어셈블리 라인 : 정교한 자동화로 최고 경쟁력

아직까지 사람의 손이 많이 필요한 어셈블리 라인에서 더욱 정교하고 수준 높은 자동화가 필요합니다.

졸업작품으로 제작한 미러링 로봇암을 섬세한 작업이 가능하도록 개선하겠습니다. 별도의 코딩을 따로 기입하지 않고도 원하는 대로 동작을 Teaching하고 이를 Remembering, Repeating하여 손쉽고 빠르게 부품을 결합하여 생산성을 높이겠습니다.

3 두 번째 역할

- 미래사업을 기반으로 하여 역할을 제시했다.

3 2) 자율주행 실험/분석 투자를 선도

자동차의 전장화가 가속화되고 자율주행이 현실화 되었습니다. ADAS 기반의 자율주행을 차량에 도입하고, 이에 필요한 기술력을 확보하겠습니다.

자율주행 시장의 본격적인 성장에 대비해 이를 적용할 수 있는 테스트 인프라 구축을 이루어내겠습니다.

4 이를 위해, **1) 입사 후,** 선배님들의 현장 지식과 경험을 제대로 전수받겠습니다.

2) 10년 후, Project Manager로서 설비고장 발생을 최소화시켜 가동률 최고의 공장을 만들겠습니다.

3) 20년 후, 기아자동차 ㅇ공장의 최고 책임자가 되어 세계 최고 효율의 자동차 공장을 실현하겠습니다.

PART

4

기업별 자소서

외국계 회사를 중심으로 자소서 주제가 자유인 회사가 있다. 반도체 장비업체로
유명한 ASML이 대표적이다. 정해진 주제가 없으니 난감해하는 지원자가 많다.
자유주제 자소서는 어떻게 작성해야 하는지 살펴보자.

CHAPTER

10

자유주제 자소서
작성팁 및 Case

작성 가이드: ASML 등

　Chapter 4에서 설명한 독종 자소서 작성법을 참고하자. 자소서 3대 주제에 충실하게 작성하면 된다. 3대 주제는 지원동기(현재), 경험(과거), 포부(미래)를 말한다.

　반도체를 공부한 대학생들이 지원하는 ASML 사례를 살펴보자. 가장 많은 지원자들이 선택하는 CS 엔지니어 직무에 대한 작성 가이드를 제시한다. 만약 삼성전자 반도체부문의 자소서를 작성한 지원자라면 그 내용을 참고해도 된다.

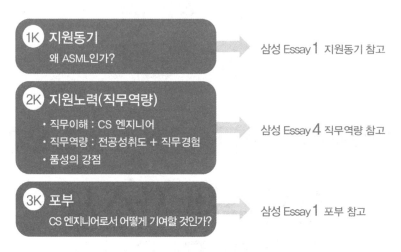

[ASML 자소서 작성 가이드]

◉ **왜 ASML인가?**
　– ASML의 지향점과 자신의 지향점이 일치하는 내용을 어필하는 것이 좋다.
　– 자신의 전공이 ASML 사업에 어떻게 연결되는지 설명해도 된다.

◎ 직무이해: CS 엔지니어

- CS 엔지니어가 하는 역할을 간략히 정리한다. ASML의 직무소개를 참고하자.

- 고객사에 ASML 시스템 설치, 관리 및 모니터링 하는 역할

- 장비에 발생하는 문제를 분석하고, 고객과 본사에 전달해 솔루션을 찾는 역할

◎ 직무역량: 전공성취도 + 직무경험

- ASML은 반도체 장비 중에서도 노광장비를 개발하고 생산하는 회사이다.

- 때문에 직무역량 중에서도 노광지식 〉소자지식 〉광학지식 순으로 중요하다고 생각하면 된다.

◎ 품성의 강점

- CS 엔지니어가 하는 역할을 참고하여 강조할 키워드를 선정하자.

- 고객서비스 마인드: 을(乙)의 입장에서 갑(甲)에 대한 고객 대응이 중요하다.

- 강한 책임감, 교대근무를 할 수 있는 마인드 등도 필요하다.

◎ CS 엔지니어로서 어떻게 기여할 것인가?

- ASML 시스템을 대표하는 전문가 관점에서 생각하자.

◎ 이자면 관통 TIP

✔ 자유주제 자소서는 작성 분량도 고민해야 한다. 무조건 많은 내용을 적는다고 좋은 것이 아니다. 자소서를 읽는 면접위원 관점에서 생각하자.

✔ 2~3장 분량이 가장 적합하다.

✔ 내용이 많더라도 4장을 넘기지 말자.

H합격자의 자소서 Case(ASML CS엔지니어 직무 지원)

　Chapter 2에서 소개한 H지원자의 자소서 사례를 소개한다. H는 삼성전자 설비기술 직무에 지원하여 면접까지 갔지만, 아쉽게 면접에서 탈락한 경험이 있다. 그때 필자를 만나 면접 탈락의 원인을 분석하고, 이력서와 자소서를 다시 작성했다. 그리고 3개월 후 ASML의 CS엔지니어로 지원하여 합격했다. [◀ p.51 이자면에서 연결]

초안

1 1. 열정과 자부심을 느낄 수 있는 ASML

학교 수업에서 다양한 IC와 다이오드를 사용하여 로봇청소기, 리모컨의 회로를 설계 및 제작해 보았습니다. IC 소자 각 핀의 기능을 데이터 시트로 확인하며 단순히 연결만 하던 중 문득 '칩 안은 어떻게 생겼기에 이런 동작을 할까?'라는 생각이 들었습니다.

2 학과 반도체 수업을 통해 궁금증을 해결하고 흥미를 느낀 저는 더 배워보고자 신청한 반도체 NCS 강의를 수강하며 반도체의 매력에 빠져들었습니다. 자연스레 반도체 산업을 이끌어 가자는 꿈을 가지게 되었고, 이에 적합한 회사는 ASML이라고 확신하였습니다.

3 이유는 반도체 산업의 더욱 정교하고 미세한 패턴을 그려 소자의 집적도를 높이려는 니즈를 충족시키기 위한 솔루션의 중심에 ASML이 있기 때문입니다. 저는 앞으로 반도체 산업 기술의 표준은 ASML이 될 것이라고 생각합니다. 반도체 생산 업계는 10나노 급 공정에서 7나노 공정을 도입하기 위해 서로 앞을 다투어 장비 확보에 나서고 있습니다.

나아가 이를 활용한 5나노, 3나노 공정 기술 로드맵을 구축하고 있습니다. 이는 ASML의 장비가 없다면 실현할 수 없을 것이라고 생각합니다. 따라서 저는 반도체 산업의 진정한 리더는 ASML이라고 확신합니다. 계속 전진하고 새로운 것을 찾아 반도체 시장을 리드한다는

1 전체 내용이 길다

– 전체적으로 내용이 길고, 소제목이 평범하다.

2 억지스러운 지원동기

– 반도체 공부를 설명하다 갑자기 ASML과 연결하여 억지스러운 면이 있다.

3 화사 홍보성 멘트

– 진실성이 전달되지 않는다.
– 비슷한 내용을 반복하여 설명하고 있다.

PART 4

기업별 자소서

자부심을 가질 수 있는 곳이라고 생각합니다.

　제가 소속하여 기여한 기업의 기술로 시장이 열광하는 모습에 열정을 느끼고, 자부심을 가질 것이라는 꿈과 확신으로 ASML에 지원하게 되었습니다.

1. 왜 ASML인가?

1 〈Life for customers〉

2 반도체 산업은 더욱 정교하고 미세한 패턴을 그려 소자의 집적도를 높이는 경쟁을 하고 있습니다. 10나노 급 공정에서 7나노 공정으로, 나아가 5나노, 3나노 공정 기술 로드맵을 구축하고 있습니다.

3 이러한 솔루션의 중심에 ASML이 있기 때문에 앞으로 반도체 기술의 표준은 ASML이 될 것이라고 생각합니다. 노광장비를 선도하는 ASML에서 제가 기여한 기술로 반도체 시장이 열광하는 모습에 열정을 느끼고, 자부심을 가질 것이라는 확신으로 지원하였습니다.

4 고객을 위한 서비스를 고민하고, 발생한 이슈를 해결해 나가며, 고객만족을 위해 '뿌듯함'을 느낄 줄 아는 저는 ASML의 CS 엔지니어에 적합한 사람이라고 확신합니다.

---

1 차별화된 소제목
- CS 엔지니어를 지원한 관점에서 고객이 가장 중요함을 어필했다.

2 기술 트렌드를 짧게 언급
- 아래 ASML로 연결했다.

3 회사의 성장을 확신
- 열정/자부심으로 지원하게 되었음을 어필했다.

4 고객만족 = 뿌듯함
- 3번 주제의 고객행복 경험으로 연결했다.

▶ 면접으로 연결 Case
- 왜 CS 엔지니어가 되려고 하나요?
- 정말 하고 싶어서 이 직무에 지원했나요?

초안

1 ASML 특성이 반영되지 않음

- 반도체 장비, 노광공정에 대한 경험이 강조되지 않았다.
- 관련 경험을 장황하게 나열했다.
- 적합하지 않은 어학원 보조 경험도 소개했다.

2 부적합한 역량 표현

- CS 엔지니어 역량과 거리가 있는 표현이다.

1 2. CS Engineer가 되기 위한 직무역량

CS Engineer의 직무역량은 장비에 대한 정확한 이해, 이슈에 대한 분석력과 해결, 고객사를 대하는 밝은 자세가 핵심 키워드라고 생각합니다. 이에 저는 설계 및 개발, 공정 실습 경험을 바탕으로 직무에 대한 전문성을 갖추기 위한 준비가 되어있는 인재라고 생각합니다. 그 이유는

2 첫째, 제품을 설계하여 개발할 수 있는 능력을 가지고 있습니다.

적외선 센서를 이용한 로봇 청소기를 제작해 보았습니다. 회로를 설계하여 센서 값을 읽고 ADC 변환하여 하드웨어를 제어해 봄으로써 장비를 설치하는 절차를 빠르게 익혀 직무에 도움이 될 것입니다.

둘째, 반도체 공정실습에 참가하여 발생한 이슈를 분석하는 훈련을 하였습니다.

반도체 공정실습에서 PVD로 Cu를 증착할 때 Ar 가스의 양에 따른 V-I의 변화를 관찰하였고, 예상한 Etch rate보다 더 빠르게 식각 된 원인이 Cu 증착 때 생긴 입자 사이 기공 때문이라는 것을 알아내면서 공정 중 발생한 이슈에 대한 원인을 분석해보았습니다.

3 그리고 노광장비를 직접 다루어 보며 웨이퍼를 로딩하고 노광하기까지의 많은 물리적 제어가 필요하다는 것을 알게 되었습니다.

4 셋째, '나의 것'이라는 마음으로 주어진 일에 최선을 다해왔습니다.

　어학원에서 수업 보조를 하였습니다. 근무 시간이 끝나면 바로 귀가해도 되었지만 마음은 매번 편하지 못하였습니다. 그래서 귀가 전에 강사님의 다음 수업에 쓸 프린트물이 잘 준비되었는지 한 번 더 체크하는 습관을 들였습니다. 그리고 노래방에서 일을 하였을 때는 손님이 많은 날엔 추가 근무를 자청하여 바쁜 일을 마무리하고 나서 퇴근하였습니다. 일을 그만 두던 날 사장님은 이렇게 성실한 사람은 처음이었다며 제가 나아가는 길에 힘을 북돋아 주셨습니다.

5 고객사에게 진심으로 걱정하고 진실된 마음으로 대한다면 고객에게 인정받고 이는 곧 ASML의 가치를 드높이는 일이라고 생각합니다. 나아가 아는 것에 그치지 않고 꾸준히 학습하여 역량을 키우고 항상 밝은 모습으로 고객을 대하는 가치 있는 엔지니어가 되겠습니다.

3 노광장비 경험은 가장 중요한 내용

- ASML이 노광장비 회사이므로 이 경험을 제일 먼저 강조하는 것이 좋다.

4 품성적인 역량

- 직무역량에 적합하지 않다.
- 어학원 보조 역할은 이 자소서에 적합하지 않다.

5 직무역량에 어울리지 않는 마무리

2. CS 엔지니어로서 습득한 직무역량

1 3가지 직무역량 강조

1 〈HW 개발 + 노광공정 이해 + 장비 경험〉

2 CS 엔지니어에게 필요한 역량을 제시

2 CS 엔지니어에게는 ASML 시스템의 정확한 이해, 이슈에 대한 분석력과 해결역량, 고객사를 대하는 밝은 자세가 필요합니다. 저는 이에 적합한 전문성을 갖추기 위해 노력해왔습니다.

3 3가지 직무역량을 구체적으로 소개

3 1) 전자공학 + Hardware 개발 : 장비설치에 대한 빠른 습득능력

적외선 센서를 이용한 로봇청소기를 제작했습니다. 회로를 설계하여 센서 값을 읽고 ADC 변환하여 Hardware를 제어했습니다. 이 경험으로 장비를 설치하는 절차를 빠르게 익힐 수 있습니다.

4 노광공정 경험을 강조

4 2) NCS 반도체 직무교육 : 노광공정에 대한 높은 이해도

반도체 8대 공정과 노광공정을 이해하고 있습니다. 특히 공정실습에서 노광장비를 직접 다루며 Wafer를 Loading하고 노광하기까지 많은 물리적 제어가 필요하다는 것을 알게 되었습니다.

5 장비/공정 이슈도 어필

5 3) 반도체 공정실습 : 장비를 직접 다루고, 공정 이슈의 원인을 분석한 경험

PVD로 Cu를 증착할 때 Ar가스의 양에 따른 V-I의 변화를 관찰했습니다. 예상한 Etch rate보다 더 빠르게

식각된 원인이 Cu 증착 때 생긴 입자 사이의 기공 때문이라는 것을 알아냈습니다. 또한 공정 중 발생한 이슈에 대한 원인을 분석했습니다.

▶ **면접으로 연결 Case**

– 반도체 경험은 어떤 것인지?
– 공정실습은 어디서 몇 일을 했는지?
– 노광공정에 관심을 가진 계기는?
– 노광장비가 중요한 이유는?

PART

4

기업별 자소서

초안

1 전체 내용이 길다

2 창업 경험을 강조

- CS 엔지니어 지원자에게 부
  적합한 소재이다.

1 3. CS Engineer가 갖춰야 할 마음가짐

2 학교 선배와 함께 창업동아리를 만들어 창업에 도전해 본 경험이 있습니다. 아이템은 팀 프로젝트나 모임이 있을 때 만날 장소를 정하지 못하는 사람들의 고민을 해결해보자는 주제로 설정하였습니다.

실제 사업화를 목표로 아이디어를 구체화하고 사업자금을 지원받기 위해 주말에도 동아리방에서 자며 회의하고 서류를 작성하였습니다. 그러던 중 학기 말이 다가오면서 기존 팀원들이 취업 준비를 해야 된다는 이유로 팀을 탈퇴하기 시작하였습니다. 결국 남은 팀원은 저와 처음 함께했던 선배뿐 이었습니다. 예상치 못한 팀원 이탈에 앞으로의 진행이 막막했습니다.

하지만 저는 '내가 생각했던 것이 실체가 되어서 세상 사람들의 생활에 쓰이고 알아준다면 얼마나 뿌듯할까'라는 생각을 선배에게 공유하며 끝까지 목표한 것을 이뤄내 보자고 독려했습니다.

3 1억 지원금을 강조

- 돈 이야기는 조심스럽게 다루
  는 것이 좋다.

3 저희 팀은 1년에 1억을 지원해주는 창업사관학교에 입교할 수 있는 기회를 얻게 되었습니다. 입교 후 시장에 내놓을 만큼의 서비스를 개발했다고 판단하여 2018년 2월 서비스를 출시했습니다. 하지만 기대와 달리 시장의 반응은 굉장히 냉담했고 플레이스토어와 앱 스토어를 합쳐 500 다운로드에 미치지 못하였습니다.

4 제 아이템이 세상에 공개되어 많은 사람에게 인정받지는 못했습니다. 하지만 제 아이디어를 실제 서비스화까지 했던 과정 속에서 '무언가를 개선하고자 하는 즐거움'과 '누군가 사용해주는 상상에서의 뿌듯함'을 느낄 수 있었습니다.

제가 느낀 이 감정이 고객사를 대하는 CS Engineer가 가져야 할 마음가짐이라고 생각합니다. 이 경험으로 저는 ASML의 장비, 나의 장비를 사용하는 고객사들을 지원하며 뿌듯함을 느끼는 CS Engineer가 되겠습니다.

4 느낀 점은 Good

① 고객 + 경험을 강조

– CS 엔지니어에게 적합한 소제목과 스토리이다.

① 3. 즐겁게 고객행복을 실천한 2가지 경험

CS 엔지니어는 고객지향적인 마인드를 기본으로 일해야 한다고 생각합니다. 저는 고객을 위해 고민하는 과정이 뿌듯했고, 이런 '뿌듯함'에서 행복을 느끼는 사람임을 일깨워준 2가지 경험이 있습니다.

② 새로운 소재를 발굴

– 손님 = 고객
– 고객만족을 위한 서비스 경험을 소개했다.
– 3가지 Action을 강조하면서 가치관도 함께 어필했다.

② 1) 즐겁게 일하는 사람 : 2년의 노래방 알바

처음 2개월은 어려웠습니다. 일부 손님의 모욕적인 발언으로 스트레스를 많이 받았습니다. 하지만 '힘든 상황에서 도망치지 않는다'는 제 가치관을 지키기 위해 고민했습니다.

손님에 대한 기본은 상대방을 이해하는 것이라고 생각하고 3가지를 실천했습니다.

① 손님이 선호하는 방, 음료를 파악하여 재방문 시 감동을 줄 것

② 죄송한 표정으로 손님의 불편함에 공감할 것

③ 종료시간에 맞추어 손님의 신발을 신발장에서 미리 꺼내어 준비해 놓을 것

▶ 면접으로 연결 Case

– 고객과 함께 부딪힐 일이 많은 직무인데, 그와 관련한 경험이 있나요?

③ 서비스 품성을 어필

– 뿌듯함과 즐거움을 느끼는 품성을 강조했다.

③ 손님이 배려 받는다는 느낌을 받도록 태도를 바꾸자, 손님과 웃음을 공유하게 되었습니다. 지난번 서비스가 좋아 또 왔다는 말을 들었을 때, 제가 하는 일이 뿌듯했고 즐겁게 출근할 수 있었습니다.

④ 2) 고객행복을 일깨워준 도전 : App 서비스 출시

학교 선배와 App 서비스 출시에 도전했습니다. 팀 프로젝트나 모임이 있을 때, 만날 장소를 정하지 못하는 사람들의 고민을 해결하자는 주제입니다.

주말에도 동아리방에서 자며 작업을 진행했지만 곧 어려움에 직면했습니다.

① 시험 준비를 이유로 한 팀원들의 이탈

② 부족한 개발 실력

교수님과 개발자에게 자문을 구하며 노력한 결과 프로토타입 개발에 성공했습니다. 그 결과 개발자금을 지원해주는 창업사관학교에 입교했고, 마침내 서비스 출시에 성공했습니다.

⑤ 제 서비스가 많은 사람에게 인정받지는 못했습니다. 하지만 고객을 위해 고민한 것과 목표를 이루어낸 것에 뿌듯했고, 행복을 느낀 경험이었습니다.

④ 고객행복 경험을 강조

– 창업이란 표현은 빼고 어려운 프로젝트에 도전했던 스토리로 소개했다.
– 긴 스토리를 간결하게 요약했다.

▶ 면접으로 연결 Case

– 서비스를 출시했다고 하는데 어떤 서비스인지?
– 지금 생각하면 후회가 되는지?

⑤ 고객을 위한 마인드

– CS 엔지니어에게 적합한 품성을 어필했다.

※ 새로 작성한 내용

1 기여할 내용 추가

1 4, CS 엔지니어로서 어떻게 기여할 것인가?

2 자신을 '나무'로 표현

– 회사에서 조화롭게 일하고,
고객에게 신뢰를 주는 CS 엔
지니어가 되겠다는 내용을 어
필했다.

2 〈항상 같은 자리의 '나무'가 되기 위해〉

저는 팀원들이 믿고 의지할 수 있는 나무가 되겠습니
다. 그리고 ASML이라는 숲에서 꽃을 피워 조화를 이루
는 사원이 되고 싶습니다.

고객에게 신뢰를 주기 위해 어떠한 바람에도 흔들리
지 않고, 같은 자리에 서서 '제대로' 제 몫을 다하는 CS
엔지니어가 되겠습니다.

3 3단계 성장계획 소개

– '입사 후', '5년 이내', '10년 이
내'와 같이 3단계로 계획을
소개했다.

3 1) **입사 후,** 선배님들의 현장 지식/경험을 제대로 전
수받겠습니다.

2) **5년 이내,** 장비 문제를 분석하고 제대로 된 솔루션
을 제공하는 전문가가 되겠습니다.

3) **10년 이내,** ASML을 대표하는 CS 엔지니어가 되
어 회사 발전에 기여하겠습니다.

▶ **면접으로 연결 Case**

– 오래 근무할 사람이란 근거
는?
– 팀원들과 잘 친해 질 수 있는
이유는?

수정한 내용을 모아서 만든 완성본을 보면 전체 스토리를 한눈에 파악할 수 있다. 스토리 전개가 자연스러운지 전체적으로 검토하는 시간을 가져보자.

1. 왜 ASML인가?

〈Life for customers〉

반도체 산업은 더욱 정교하고 미세한 패턴을 그려 소자의 집적도를 높이는 경쟁을 하고 있습니다. 10나노 급 공정에서 7나노 공정으로, 나아가 5나노, 3나노 공정 기술 로드맵을 구축하고 있습니다.

이러한 솔루션의 중심에 ASML이 있기 때문에 앞으로 반도체 기술의 표준은 ASML이 될 것이라고 생각합니다. 노광장비를 리드하는 ASML에서 제가 기여한 기술로 반도체 시장이 열광하는 모습에 열정을 느끼고, 자부심을 가질 것이라는 확신으로 지원하였습니다.

고객을 위한 서비스를 고민하고, 발생한 이슈를 해결해 나가며 고객만족을 위해 '뿌듯함'을 느낄 줄 아는 저는 ASML의 CS 엔지니어에 적합한 사람이라고 확신합니다.

2. CS 엔지니어로서 습득한 직무역량

〈HW 개발 + 노광공정 이해 + 장비 경험〉

CS Engineer에게는 ASML 시스템의 정확한 이해, 이슈에 대한 분석력과 해결역량, 고객사를 대하는 밝은 자세가 필요합니다. 저는 이에 적합한 전문성을 갖추기 위해 노력해왔습니다.

1) 전자공학 + Hardware 개발 : 장비설치에 대한 빠른 습득능력

적외선 센서를 이용한 로봇청소기를 제작했습니다. 회로를 설계하여 센서 값을 읽고 ADC 변환하여 Hardware를 제어했습니다. 이 경험으로 장비를 설치하는 절차를 빠르게 익힐 수 있습니다.

2) NCS 반도체 직무교육 : 노광공정에 대한 높은 이해도

반도체 8대 공정과 노광공정을 이해하고 있습니다. 특히 공정실습에서 노광장비를 직접 다루며 Wafer를 Loading하고 노광하기까지 많은 물리적 제어가 필요하다는 것을 알게 되었습니다.

3) 반도체 공정실습 : 장비를 직접 다루고, 공정 이슈의 원인을 분석한 경험

PVD로 Cu를 증착할 때 Ar가스의 양에 따른 V-I의 변화를 관찰했습니다. 예상한 Etch rate보다 더 빠르게 식각된 원인이 Cu 증착 때 생긴 입자 사이의 기공 때문이라는 것을 알아냈습니다. 또한 공정 중 발생한 이슈에 대한 원인을 분석했습니다.

3. 즐겁게 고객행복을 실천한 2가지 경험

CS 엔지니어는 고객지향적인 마인드를 기본으로 일해야 한다고 생각합니다. 저는 고객을 위해 고민하는 과정이 뿌듯했고, 이런 '뿌듯함'에서 행복을 느끼는 사람임을 일깨워준 2가지 경험이 있습니다.

1) 즐겁게 일하는 사람 : 2년의 노래방 알바

처음 2개월은 어려웠습니다. 일부 손님의 모욕적인 발언으로 스트레스를 많이 받았습니다. 하지만 '힘든 상황에서 도망치지 않는다'는 제 가치관을 지키기 위해 고민했습니다. 손님에 대한 기본은 상대방을 이해하는 것이라고 생각하고 3가지를 실천했습니다.

① 손님이 선호하는 방, 음료를 파악하여 재방문 시 감동을 줄 것
② 죄송한 표정으로 손님의 불편함에 공감할 것
③ 종료시간에 맞추어 손님의 신발을 신발장에서 미리 꺼내어 준비해 놓을 것

손님이 배려 받는다는 느낌을 받도록 태도를 바꾸자, 손님과 웃음을 공유하게 되었습니다. 지난번 서비스가 좋아 또 왔다는 말을 들었을 때, 제가 하는 일이 뿌듯했고 즐겁게 출근할 수 있었습니다.

2) 고객행복을 일깨워준 도전 : App 서비스 출시

학교 선배와 App 서비스 출시에 도전했습니다. 팀 프로젝트나 모임이 있을 때, 만날 장소를 정하지 못하는 사람들의 고민을 해결하자는 주제입니다.

주말에도 동아리방에서 자며 작업을 진행했지만 곧 어려움에 직면했습니다.

① 시험 준비를 이유로 한 팀원들의 이탈
② 부족한 개발 실력

교수님과 개발자에게 자문을 구하며 노력한 결과 프로토타입 개발에 성공했습니다. 그 결과 개발자금을 지원해주는 창업사관학교에 입교했고, 마침내 서비스 출시에 성공했습니다.

제 서비스가 많은 사람에게 인정받지는 못했습니다. 하지만 고객을 위해 고민한 것과 목표를 이루어낸 것에 뿌듯했고, 행복을 느낀 경험이었습니다.

4. CS 엔지니어로서 어떻게 기여할 것인가?

〈항상 같은 자리의 '나무'가 되기 위해〉

저는 팀원들이 믿고 의지할 수 있는 나무가 되겠습니다. 그리고 ASML이라는 숲에서 꽃을 피워 조화를 이루는 사원이 되고 싶습니다. 고객에게 신뢰를 주기 위해 어떠한 바람에도 흔들리지 않고, 같은 자리에 서서 '제대로' 제 몫을 다하는 CS 엔지니어가 되겠습니다.

1) 입사 후, 선배님들의 현장 지식/경험을 제대로 전수받겠습니다.
2) 5년 이내, 장비 문제를 분석하고 제대로 된 솔루션을 제공하는 전문가가 되겠습니다.
3) 10년 이내, ASML을 대표하는 CS 엔지니어가 되어 회사 발전에 기여하겠습니다.

이제는 인문계 지원자의 자소서 사례를 살펴보자. 주제는 이공계와 같지만 내용은 인문계에 적합한 스토리가 들어있어야 한다. 이공계는 전공지식이 중요한 반면, 인문계는 직무경험이 중요하기 때문이다.

인문계 자소서
작성팁 및 Case

인문계 지원자의 자소서 사례를 살펴보자. 주제는 이공계와 같지만 내용은 인문계에 적합한 스토리가 들어있어야 한다. 이공계는 전공지식이 중요한 빈면, 인문계는 직무경험이 중요하기 때문이다.

직무경험을 발굴할 때 JD 내용을 참고하자. JD에 제시된 경험을 자소서 스토리를 통해 어필하자. [◀ p.152 자소서에서 연결]

자소서 주제 및 특징

- 1번: 본인의 입사지원 회사를 선택하는 기준은 무엇이며, KT&G가 왜 그에 부합하는 회사인지 기술하여 주시기 바랍니다. (최대 800자)
- 2번: 본인이 KT&G에 입사하게 된다면 어떤 분야에서 무엇을 기여할 수 있는지 KSA(Knowledge, Skill, Attitude)를 기준으로 구체적으로 기술하여 주시기 바랍니다. (최대 800자)
- 3번: 본인의 희망분야에서 최근 이슈가 되고 있는 주제나 관심이슈 중 하나를 선정하여, 본인의 전공/경험 등을 기반으로 문제를 해결(이슈가 부정적인 경우) 혹은 발전(이슈가 긍정적인 경우)시킬 수 있는 방안에 대해 기술하여 주시기 바랍니다. (최대 1500자)

KT&G의 자소서 주제는 지원동기, 기본역량, 직무역량으로 구성되어 있다.

- 1번 주제: 회사 선택기준 및 KT&G가 왜 부합하는가?
- 2번 주제: 어떤 분야에서 무엇을 기여할 수 있는지 KSA를 기준으로 설명한다면?
- 3번 주제: 지원직무의 이슈를 선정, 전공/경험 기반으로 문제를 해결/발전시킬 수 있는 방안은?

주제 이해 및 작성팁

자소서 1 지원동기	자소서 2 기본역량	자소서 3 전문역량
• 회사 선택기준 • 담배사업 특수성 무시 • KT&G의 다양한 사업 참고	• 지원 직무에 필요한 기본역량 • KSA 관점	• 지원 직무에 대한 전문역량 • 직무와 관련된 이슈 선정

• K : 이론적인 지식
• S : 업무적인 기술
• A : 업무 수행 태도

차별화되는
세부 직무 선정
→ 구체적인 제안

[KT&G 자소서 작성 가이드]

1번

○ 전형적으로 지원동기를 묻는 주제이다.

○ 이 주제를 작성할 때, '담배사업'이란 특수성은 무시하는 것이 좋다.

   – 건강에 해로운 담배사업을 하는 회사에 입사하고 싶은 이유가 무엇인가? 이런 고민에 빠지면 지원동기를 작성하기 어렵다.

   – KT&G도 다른 대기업과 똑같은 관점으로 바라보면 된다. KT&G에 근무하는 임직원들도 그렇게 생각하기 때문이다.

○ 실제로 KT&G는 담배사업 이외에도 여러 사업을 하고 있다.

   – 건강기능식품, 식음료품, 의약품, 의약외품 등의 사업은 물론 무역업을 통해 담배 수출도 하고 있다.

   – 국내 담배시장은 수입담배가 35%, 국산담배가 65%를 차지한다는 현실도 고려하자.

2번

○ 지원 직무에 필요한 기본역량을 묻고 있다.

○ KSA 관점에서 자신의 기본역량을 어필하자

   – K : 학습을 통해 습득한 이론적 지식 – 인사이론, 조직이론, 노동법 등

   – S : 훈련을 통해 체득한 업무적 기술 – 인사노무 경험, 커뮤니케이션 스킬 등

   – A : 업무 수행 시 나타나는 태도 – 소통과 협업, 적극성, 도전의식 등

3번

○ 지원 직무에 대한 이해와 전문역량을 어필하라는 주제이다.

○ 자신이 강점을 발휘할 수 있는 세부 직무를 선택하고 이슈를 선정하자.

  - 먼저, 다른 지원자에 비해 차별화시킬 수 있는 세부 직무를 선정하자.

  - 다음, 해당 분야의 이슈를 선정하여 현실성 있고 구체적인 제안을 하자.

O합격자의 자소서 Case(KT&G 인사·직무 지원)

   KT&G 인사 직무에 합격한 O합격자의 사례를 살펴보자. O합격자는 호텔 인사부서에서 6개월 인턴을 하면서 인사 실무를 보조한 경험이 있다. 이를 계기로 공인노무사 자격증에 도전하여 1차 시험을 합격했지만, 2차 시험에 탈락한 상황에서 지원하였다.

   O는 면접에서 공인노무사 자격증을 취득한 지원자들을 제치고 최종 합격했다. 합격 비결은 자소서에서 인턴 경험과 KT&G의 현장 특성을 파악하여 설득력 있는 방안을 제시했기 때문이다. 어떻게 설득했는지 살펴보자.

본인의 입사지원 회사를 선택하는 기준은 무엇이며, KT&G가 왜 그에 부합하는 회사인지 기술하여 주시기 바랍니다. (최대 800자)

1 지원자 키워드

– KT&G 경영이념과 연결시켜 강조했다.

1 〈상생과 책임감 : 바른기업 KT&G〉

상생과 책임감을 실질적인 가치로 삼고 있는가? 라는 기준을 최우선으로 선택하고 있습니다. 그렇기에 KT&G의 '바른기업'이란 경영이념이 제가 추구하는 인사노무전문가로서의 청사진과 닮았기에 지원하였습니다.

2 KT&G와의 만남 소개

– KT&G 핵심가치와도 연결했다.
– 봉사활동을 책임감의 사례로 소개했다.

2 1) KT&G 상상마당과의 만남

KT&G의 핵심가치 중 상호협력과 상생추구의 의미가 책임감을 최우선 가치로 생각하는 제 비전과 닮았습니다. 그중에서도 지역아동센터 공익근무요원 당시 KT&G 상상마당을 통한 저소득층 아동을 위한 지원이 인상 깊었습니다. 이는 기업시민으로서의 역할을 수행하는 실질적인 기업의 모습이었기 때문입니다. 이와 같이 저 또한 맡은 바 과업에 대한 책임감을 인생의 신념으로 가지고 있습니다.

3 자신의 책임감 경험을 소개

▶ 면접으로 연결 Case

– 골수기증을 하게 된 계기는?

3 2) 골수기증 경험 : 책임감의 무게

2015년, 저는 한 통의 전화를 받았습니다. 골수기증 희망자 등록을 했던 저와 같은 유전타입을 가진 환자가 제 도움을 기다리고 있다는 것이었습니다. 하나의 생명을 구할 수 있다는 사실은 기증에 대한 두려움과 현실적 여건을 떨쳐내기에 충분했습니다.

이후 기증은 무사히 마무리되었으며 타인의 생명에

긍정적 영향을 미칠 수 있다는 사실은 성취감과 함께 책임감의 무게를 느끼는 경험이 되었습니다.

4 3) 책임감 + 협업역량 : 인사노무 전문가 역량

정량적 성과를 창출할 때 가장 중요한 것도 책임감입니다. 과업에 대한 책임감과 최선의 결과에 도달하기 위한 협력이 융화되었을 때 비로소 성과가 창출될 수 있습니다. 그렇기에 책임감과 더불어 저는 어떤 집단, 조직에서도 부여된 과업을 빠르게 파악하고 정확한 협업이 가능하게끔 행동할 수 있도록 조직 협업역량을 키우기 위하여 노력하고 있습니다. 협업과 더불어 이해관계자를 설득하는 것이 인사노무 전문가에게 필요한 역량이기 때문입니다.

4 인사노무 전문가의 역량으로 연결
- 성과를 창출하는 전문가의 역할을 강조했다.

✔ 자소서 2 I 회사 기여 방안 – KSA 기준

본인이 KT&G에 입사하게 된다면 어떤 분야에서 무엇을 기여할 수 있는지 KSA(Knowledge, Skill, Attitude)를 기준으로 구체적으로 기술하여 주시기 바랍니다. (최대 800자)

1 자신의 경쟁력을 어필

- KSA를 겸비한 인재임을 설명했다.

2 K와 S의 사례 소개

▶ **면접으로 연결 Case**

- 인턴으로 경험한 인사 직무는?
- 노무 현장에서 필요한 것은?

3 자신의 최대 설득무기를 강조

- 공인노무사 1차 합격 경험을 제시했다.

▶ **면접으로 연결 Case**

- 2차에서 안 된 이유는?
- 2차에 계속 도전할 것인지?
- 시험공부를 통해 느낀 점은?

1 〈노동법 + 인사노무 : 이론/경험/소통 겸비〉

2 1) 노동법 + 인사노무 이론/경험 : K+S

인적자원, 특히 HRM 분야의 전문적 지식을 배양하기 위하여 노동법을 학습했습니다. 또한 채용부터 경력관리에 이르는 인사노무 분야의 심도 있는 공부와 함께 인턴으로 인력운영 및 조직관리 경험을 쌓았습니다.

급변하는 노동정책과 관련하여 인사노무 담당자는 임금협상 및 단체협약 등 노조와의 원만한 관계 유지, 협력사와의 상생관계 유지를 수행해야 합니다. 때문에 소통과 설득능력을 필요로 하며, 이는 전문적 지식이 뒷받침되어야 합니다.

3 2) 공인노무사 1차 합격 : K

구체적으로 공인노무사 시험에 응시함과 동시에 대학교에서 경영학 전반의 강의를 수강했습니다. 관련 경험을 통하여 인사노무 분야와 관련된 법리를 이해하고, 노사갈등이 발생하는 이유와 해결방법을 체득했습니다. 하지만 공인노무사 자격을 1차만 취득했기 때문에 입사 후 선배님들의 지도 아래 실무에 대한 역량을 더욱 배양하겠습니다.

4 **3) 경청과 소통으로 상생 노사문화에 기여 : A**

　입사 후 노사간의 관계 유지에 있어 구체적인 목표를 설정하고 이를 하나씩 성취할 것입니다.

5 ① **개별적 노사관계의 핵심은** 경청과 소통입니다. 인사부의 고객은 임직원이라고 생각하기 때문입니다. 그렇기에 임직원이 직무에 얼마나 만족하는지, 업무에 대한 성과를 창출함에 있어 어떠한 지원이 요구되는지를 파악하는 것이 주 업무가 될 것입니다. 궁극적으로 직무 만족도와 성과창출이라는 정량적 지표의 성장을 추구할 것입니다.

　② **집단적 노사관계 측면에서는** 사용자측과 노조가 원만한 관계를 유지할 수 있는 상생의 노사문화에 이바지하고 싶습니다.

4 **A의 강점 소개**

－ 입사 후 포부와 연결했다.

5 **노무전문가들이 사용하는 키워드 어필**

－ '개별적 노사관계', '집단적 노사관계'와 같은 키워드를 사용했다.

PART

4

기업별 자소서

본인의 희망분야에서 최근 이슈가 되고 있는 주제나 관심이슈 중 하나를 선정하여, 본인의 전공/경험 등을 기반으로 문제를 해결(이슈가 부정적인 경우) 혹은 발전(이슈가 긍정적인 경우)시킬 수 있는 방안에 대해 기술하여 주시기 바랍니다. (최대 1500자)

① 노무전문가다운 이슈 선정

– 주 52시간 근무제도는 핫이슈라고 할 수 있다.
– 2가지 극복방안을 제시했다.

① 〈주 52시간 : 애자일 조직 + 탄력근로제로 극복〉

주 52시간 근무제도의 확립 속에서 낭비를 제거하는 '애자일 조직'을 실행시킴으로써 최소의 갈등으로 최대의 성과를 창출할 수 있는 조직구조를 만들어야 합니다. 또한 '탄력적 근로시간제'의 적극적 도입이 필요합니다.

② 조직구조 관점의 제안

▶ 면접으로 연결 Case

– 애자일 조직의 보완점은?
– 조직 세분화 문제의 대책은?

② 1) 애자일 조직 : 낭비와 비효율 최소화

과거 고용노동부의 행정해석에 따르면 휴일근로는 통상근로와는 별개로 토요일과 일요일의 근로 16시간을 추가로 확보하여 주 68시간 근무제도를 운용할 수 있었습니다. 하지만 2019년 7월 1일부로 주 52시간 제도가 법제화됨으로써 더욱 유연한 조직문화를 추구할 필요가 있습니다. 이는 제조기업에게 치명적인 개정이 될 수 있습니다. 근로자 입장에서는 소득감소, 기업으로서는 납기지연 및 R&D 경쟁역량 감소 뿐만 아니라 다국적 기업으로의 인재유출 등으로 신속한 대처능력이 상실될 수 있기 때문입니다.

③ 애자일 조직의 장점을 구체적으로 설명

③ 따라서 방대하고 구체적인 업무계획에 따른 과업 수행보다는 근로자의 효율적인 회전율을 위하여 민첩한 소규모 그룹으로 조직구조를 혁신해야 합니다. 즉 근로시간이 단축된 만큼, 공간적인 낭비의 비효율을 최소화해야 합니다. 그렇기에 애자일 조직으로의 혁신이 필요합니다.

혁신적이고 민첩한 조직운영으로 의사결정체계를 단순화시켜 실행력을 높이는 것만으로도 낭비 제거가 가능합니다. 즉 환경 변화에 대한 빠른 감지와 대응이 가능해지는 것이 애자일 조직이고, 이를 실행할 수 있는 인프라가 필요합니다.

4 2) 탄력적 근로시간제 : 생산성 향상

KT&G의 사업보고서에 따르면 필수 소비재 산업은 동절기보다는 하절기에 매출액과 주가가 높게 형성된다는 사실을 알 수 있었습니다. 근로시간 또한 최대 68시간에서 52시간으로 감소하게 될 경우, 하절기 공장가동률이 감소할 여지가 있으며, 이는 매출액의 중대한 영향을 미칠 것입니다.

그렇기에 생산성 향상의 이점이 있으며, 추가 수당과 같은 인건비의 지출이 발생하지 않도록 탄력적 근로시간제를 활용해야 합니다. 즉 수개월간 집중적으로 생산에 매진해야 하는 제조업의 경우, 탄력근로제를 통해 3개월 단위로 평균 근로시간을 법정기준에 맞출 수 있어야 합니다.

4 근로시간제도 관점에서 제안

– KT&G 근로의 특성을 파악하여 제안했다.
– KT&G 사업보고서를 분석한 내용과 공인노무사 학습내용을 결합시켜 설득력이 있다.

▶ 면접으로 연결 Case

– 탄력근로제의 단점은?
– 탄력근로제 도입의 선결조건은?
– 노조가 반대한다면?

PART

4

기업별 자소서

나상무도 난감한 자소서 작성법

이번에는 IBK 기업은행, 인턴 지원자의 자소서 작성법을 소개한다. 금융회사를 많이 지원하는 인문계 대학생들을 위해 준비했다. 금융회사 자소서는 주제 자체가 어려운 편인데, 그 중에서도 기업은행 자소서는 어렵다고 정평이 나있다.

5개 문항의 자소서 주제를 분석한 후에 필자가 느낀 감정을 솔직하게 공유한다.

- 주제가 너무 어렵다. 취업을 준비하는 대학생들의 현실을 도외시한 주제이다. 철학적인 냄새가 강해 경험으로만 풀어가기도 어렵다. 이공계 대학생을 많이 채용하는 대기업의 자소서와 비교하면 지나치게 이상적인 주제이다.
- 이 주제를 통해 무엇을 어떻게 평가하려는지 이해가 되지 않는다. 인턴 지원자들이 인생을 살면 얼마나 살았는지? 그들이 취업준비 이외에 얼마나 다양한 경험을 할 수 있는지? 대학생들의 입장을 고려하지 않은 주제라는 생각이 들었다.

그래도 어쩌겠나? 지원자는 을의 입장이다. 갑이 정한 주제를 고민할 수밖에 없다. 다양한 자소서 주제에 직면하게 될 후일을 대비하는 마음으로 작성법을 알아보자.

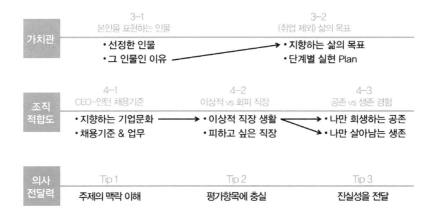

[IBK 기업은행 인턴 자소서 작성법]

우선 기업은행이 제시한 평가항목과 자소서 주제를 연결해 생각해보자.

- ⊙ 서류심사 평가항목: 가치관, 조직적합도, 의사전달력
- ⊙ 자소서 주제: 약술형 2문항 + 서술형 3문항

이를 바탕으로 5문항의 세부내용을 분석한 결과, 다음 3가지 작성팁을 제안한다.

① 주제의 맥락을 제대로 이해하자.

약술형은 주로 '가치관'을 평가하는 문항인데, 2가지 주제가 연관성이 있다. 서술형은 주로 '조직적합도'를 평가하는 문항으로 역시 3가지 주제가 연결되어 있다.

② 평가항목에 충실한 키워드를 선정하자.

주제에 적합하면서 자신을 어필할 수 있는 키워드를 선정하자. 그 다음 'KKK 작성구조'로 스토리를 작성하자. 1K(결론) – 2K(근거) – 3K(강조) 구조를 의미한다.

③ 경험을 소개하여 진실성을 전달하자.

2K(근거)는 가능하면 자신의 경험을 중심으로 작성하자. 그래야 진실성을 전달함으로써 설득력을 높일 수 있다.

이상의 3가지 팁을 참고하여 작성하면, 자소서 스토리를 통해 '의사전달력'도 제대로 어필할 수 있다. 지금부터는 5문항에 대해 3가지 팁을 적용해 보자.

구체적인 작성 가이드

[3-1] 본인을 가장 잘 표현할 수 있는 인물(소설 또는 영화의 인물 포함)은 무엇이고, 그 이유를 기술하시오.

삼성전자 에세이의 존경인물과 성장과정(2번 주제)을 참고하면 도움이 된다. 존경인물 혹은 롤모델을 선정하면 되는데, 너무 '미래'의 관점에서만 생각하지 말자. '현재'의 관점에서도 자신을 잘 표현하는 인물이면 좋겠다. 예를 들면 스티브 잡스를 미래의 롤모델로 적는 것은 좋은데, 현재의 자신이 스티브 잡스를 닮기 위해 노력해온 성과도 있어야 한다는 것이다. 남학생의 경우 박지성, 여학생의 경우 김연아와 같이 차별화가 되지 않는 인물은 제외하자. 유명인, 소설/영화의 주인공, 교수, 아버지, 어머니 등에서 찾아보자.

◎ 이자면 관통 TIP

> **KKK 작성구조**
> * 1K: 선정한 인물의 이름
> * 2K: 그 인물을 선정한 이유 ⇒ 자신의 가치관/인생관으로 연결
> * 3K: 그 인물을 닮기 위해 노력해온 내용/성과

[3-2] 취업을 제외하고 본인이 꼭 이루고 싶은 삶의 목표가 있다면, 그것이 무엇이고 어떻게 이루어 나갈 것인지 기술하시오.

자신이 지향하는 인생의 목표를 제시하되, 3-1에서 선정한 인물/이유의 연장선상에서 생각하는 것이 중요하다. 그 인물의 이미지와 크게 어긋나면 스스로 불합리하다는 것을 드러내는 꼴이 된다. 강한 책임감으로 신뢰받는 금융인, 회사와 가정의 행복지기, 고객행복을 만들어가는 창조인, 좋은 욕심을 가진 전문가 등을 참고하자.

◎ 이자면 관통 TIP

KKK 작성구조
• 1K: 지향하는 삶의 목표 제시 ⇒ 3-1의 인물/이유를 참고
• 2K: 목표를 갖게 된 계기/이유 ⇒ 삶의 목표 속에서 회사(또는 가정)가 갖는 의미도 전달. 경험 스토리라면 더욱 좋다.
• 3K: 목표를 실현하기 위한 단계별 Plan ⇒ 입사 후, 10년 후, 20년 후

[4-1] 본인이 한 기업(은행업 제외)의 CEO라면, 본인 회사의 인턴을 채용하는 기준은 무엇인지 기술하고, 5주간의 근무기간 동안 인턴에게 어떤 업무를 부여하는 것이 적합한지 작성하시오.

먼저, CEO로서 지향하는 기업과 기업문화를 세팅해야 한다. 채용기준은 기업문화에서 도출하는 것이 정답이기 때문이다. 다음, 기업문화의 키워드를 바탕으로 인턴 채용기준을 제시한다. 그리고, 5주간의 인턴 업무도 기업문화를 참고하여 설계하는 관점이 필요하다. 상생하는 동반자 기업, 고객/직원이 행복한 회사, 최고의 상품/서비스를 창출하는 회사, 100년 이후에도 지속경영이 가능한 기업 등을 추천한다.

◎ 이자면 관통 TIP

KKK 작성구조
• 1K: CEO로서 지향하는 기업문화 세팅 ⇒ 특정 기업을 제시해도 좋다.
• 2K: 인턴 채용기준 ⇒ 1K의 기업문화에서 2~3가지 키워드를 도출
• 3K: 5주간의 인턴 커리큘럼 설계 ⇒ 기업은행의 인재상, 핵심가치를 참고

[4-2] 본인이 생각하는 가장 이상적인 직장생활과 가장 피하고 싶은 직장생활을 각각 기술하고, 그렇게 생각한 이유를 설명하시오.

4-1에서 세팅한 기업문화를 중심으로 자신의 직장관을 제시하는 것이 좋다. 그 생각이 곧 가장 이상적인 직장생활로 연결되어야 설득력이 있다. 나아가 반대의 이미지가 가장 피하고 싶은 직장생활이 되어야 타당성이 있다. 예를 들면 회사/직원이 같이 성장하는 동반자 ↔ 회사의 성장에만 올인하는 회사, 수평적인 소통이 활발한 직장 ↔ 수직적인 위계가 강한 직장

◎ 이자면 관통 TIP

KKK 작성구조
- 1K: 자신의 직장관 제시 ⇒ 4-1의 기업문화를 참고
- 2K
  1) 가장 이상적인(또는 가장 피하고 싶은) 직장생활 설명 ⇒ 의미 있는 경험(알바, 프로젝트 등)을 바탕으로 진실성 어필
  2) 반대 상황을 가정, 가장 피하고 싶은(또는 가장 이상적인) 직장생활 설명
- 3K: 가장 이상적인 직장생활 = 기업은행의 기업문화와 연결

[4-3] 본인만 희생해야 하는 공존(共存)과 본인만 살아남는 생존(生存) 중 하나만 선택할 수 있다면, 어떤 것을 선택할 것인지 본인이 경험하였던 사례를 들어 설명하시오.

4-2의 직장관을 바탕으로 본인의 스타일(캐릭터)를 참고하여 공존과 생존 중 하나를 선택하자. 정답은 없다. 어떤 선택을 하든 면접위원 관점에서는 압박질문을 할 수 있다. 구체적인 경험을 통해 설명해야 진실성을 어필하고 면접위원을 설득할 수 있다.

◎ 이자면 관통 TIP

KKK 작성구조
- 1K: 소신 있게 공존(또는 생존) 선택 ⇒ 4-2의 직장관을 참고
- 2K: 공존(또는 생존)을 선택한 계기/이유 ⇒ 구체적인 경험(알바, 프로젝트, 봉사활동 등)으로 설명
- 3K: 선택하지 않은 생존(또는 공존)과의 절충도 필요하다고 마무리

참고할 수 있는 자료는?
기업은행 홈페이지에서 참고할 만한 자료는 다음과 같다.

• 비전: 더 나은 미래를 향한 금융 파트너, IBK
• IBK가 꿈꾸는 '동반자금융': 기업의 생애주기 전반에 걸친 동반자금융 실현
• 핵심가치: 신뢰와 책임, 창조적 열정, 최강의 팀웍 → 고객의 행복
• 인재상: 세계인, 책임인, 창조인, 도전인 → 전문인
• (경영공시) 연도별 기업은행 현황: 선언문, 경영목표 및 방침, 경영계획 등

비전과 동반자금융에서는 인턴 지원자로서 자신과 적합한 키워드를 찾아내기가 쉽지 않다. 기업은행 전체가 꿈꾸는 미래, 지향하는 목표를 함축적으로 표현한 내용이기 때문이다. 너무 큰 개념이거나 구름 잡는 키워드는 피하는 것이 좋다.

이보다는 핵심가치와 인재상을 참고해보자. 핵심가치는 비전 달성을 위해 IBK 임직원이 공유하고 지켜야 할 생각과 행동의 기준과 원칙을 정한 것이다. 인재상은 기업은행이 원하는 신입사원의 이미지인데, 'Great People'(시장경쟁력을 갖추고 고객을 감동시키며 성과를 창출하는 인재)이라고 정의되어 있다. 핵심가치와 인재상의 키워드를 참고하여 자신을 표현할 수 있는 키워드를 선정하자.

MEMO

MEMO

MEMO

MEMO